U0895393
JOUY

感谢我挚爱的家人和我最忠实的朋友们，
为了你们的支持……

感谢所有那些古堡的主人，
为我打开了大门，
使得我了解到大门里面这个精彩的世界……
他们默默地忠实地守护着如此萃灿的世界文化遗产，
我对他们致以最崇高的敬意！

感谢“古堡法兰西”集团！

Remerciements à ma famille et à mes amis fidèles,
qui m'ont tendu si généreusement leur main

Je remercie les propriétaires qui m'ont
ouvert leurs portes, et qui m'ont introduite
dans leur monde si merveilleux.
Ils sauvegardent laborieusement ces patrimoines culturels et les font découvrir à
tous, conservateurs loyaux de ces Trésors l'Humanite.
J'adresse mes salutations les plus respectueuses à tous les propriétaires.

Remerciement, également, à "Chateaux-France" !
Guillaume et Marie de Castet

古堡岁月

La Vie De Château

熙沙 著

中国建筑工业出版社

序 一

当我在洛林省的城堡中迎接熙沙时，看到这位年轻的中国女子对于法国古典建筑和装饰艺术如此精通并且充满热情，不禁感到有些惊讶。熙沙对于每座古堡的景致和环境非常敏感，她能在到达古堡后最短的时间内，就领会到所有这些城堡的特点，她也借此书将这些各具特色的城堡传达给中国的读者们。在这本书中提及的很多古堡都由私家拥有长达几个世纪之久，比如说我的家族城堡——阿胡埃，自从我的祖上马克·德·柏渥－克莱翁王子殿下在1720年建造之时起到现在已经几个世纪了。毕塞克城堡、卡尼塞城堡、古昂斯城堡同样如此。

在整个法国现在仍然有3000多个私家城堡，如果来参观这些城堡，很有可能是城堡的主人亲自来接待您。在这些城堡中法国的“生活的艺术”发挥到极致，而这种“生活的艺术”闻名全球，人们通过一顿大餐、一杯酒就能感觉到，或者随便在城堡的园林中信步。在参观过那些最著名的凡尔赛宫、枫丹白露宫和卢瓦尔河的商波堡之后，我建议大家一定要去看看那些私家拥有的城堡，可能有些是开放的，有些是被城堡主人邀请，来和城堡家族一起居住几日，分享他们的“古堡岁月”。

熙沙的《古堡岁月》一书倾注了她的很多心血，从选择书中的每一座城堡，到拍照，采访城堡主人，制作编辑DVD，都是她自己亲力亲为，甚至帮我一起在我的城堡的中国沙龙中布置餐桌。通过她细致敏感的笔触，将这份浓浓的古堡“生活的艺术”传达给读者。我和熙沙以及其他的古堡主人一起希望在不久的将来，在我们的城堡、我们的家中迎接您的到来。

Minnie de Beauvau-Craon

Princesse Minnie de Beauvau-Craon

米尼·德·柏渥－克莱翁公主

序　二

法国城堡

同中国辽阔的疆土相比，法国呈六角形的领土面积很小，但是这片并不算大的国土同中国一样有着悠久的历史。教堂、城堡、乡村老宅或是农庄，这些被称为“古老的石头”的建筑默默地见证着这漫长的历史，当我们走近它们，逐渐了解和热爱它们的时候，这些缄默的见证人也会为我们讲述那些我们所想要了解的历史。

探索法国，了解法兰西文化的精髓和悠久历史最好的方式，就是从法国的古堡入手。不过，一定要选那些私家居住的城堡，有名无实地被幽灵所占据的废弃古城堡就没有研究价值了，虽然很多有生命力的城堡特色之一正是城堡中的幽灵！那些正在使用的古堡就住着古堡所有者——准确地说就是私家城堡。通常，这些家族几个世纪以来都住在自己的古堡中，守护着代代传承所留下的印记。几个世纪以来，城堡的建筑形式一直都在变化，10~14世纪封建时代的城堡高高在上，被吊桥、护城河、凸廊和碉堡等围绕和保护着；文艺复兴时期的城堡则显露出那个时代的混乱，特别是被那些恶毒的宗教战争所影响，直到17世纪后，呈现出令人愉快的面孔，和想像力更加丰富的创意。

那个年代整个法国的建筑师们大显其能，以满足庄园主们希望城堡宏伟壮丽，能够显现和炫耀他们的战迹和所取得的荣耀的需要。因此，根据地区、竣工和改建的日期、建造者的社会地位，以及他们的性格和品位的不同，法国的城堡以密集的网状分布，高傲地耸立在全法的领土上，也给了法国一张贵族的面孔。

值得一提的是，一座城堡，无论规模多么宏伟，远不能止于其建筑之外观。它还包含另外两个要素：即其内饰和外饰。所谓内饰，系指城堡内几个世纪来在此居住过的每一代人为了爱护和维修所留下的各类器物摆设和陈列品，包括家具、画作、餐具、银器、藏书等一切内部装饰。这些内饰，也是历史的见证，似乎在向人们讲述着几个世纪前它们亲历的故事。而“珠宝匣”即外饰，则是指城堡周边的园林、花圃、菜园、古树、池塘以及护城河，乃至远处如画的风景、森林和田陇。城堡与园林（田园和林地）密不可分。尽管拿破仑法典中规定一切继承人享有平等的继承权均分领地，废除了以前的长子继承城堡法令，而至今能保持园林完整无缺的城堡稀如凤毛麟角。

国王、王后以及法国的贵族阶级，是旧时社会制度的象征，所以城堡在法国共和后并没有被妥善地保护。但是同样是在这样共和体制下的法国，那些贵族的才智和精神聚集起来，提醒人们城堡是整个法国的象征，展现着建筑师、工匠们的极富创造性的天资，以及建造了它们的庄园主们为历史所作出的贡献。

今天，法国的城堡再一次得到复兴。在我们全球化的时代，它们是法国以及法国历史的遗产，也是全人类的财富。城堡的保养、修复、开放，不仅是所有者的责任，更是大家的事情。尝试通过参观城堡来了解它们，当然如果能在城堡里住上几个日子，自然是再美妙不过的了。城堡的主人们会非常高兴地接待您，同时非常自豪地向您讲述家族和城堡的历史。从未像现在这样，今日的私家城堡是来自于不同种族和文化的人们交流和分享友爱的地方，旧时那些不属于“城堡的世界”的人们会感到被排除在外，然而这些日子已经过去了。今天，法国的城堡是最能够代表法国历史和文化的使节，或者更简单地说，城堡生活的艺术已经在几个世纪的历史长河中落地生根，不断地发展和升华。

我不禁想起雅克·杜德恩创作的那首在20世纪60年代的年轻人中风靡一时的流行歌曲：“七万万的中国人，我呢，我呢，我呢……”

是啊，我呢，我呢；住在诺曼底的私人城堡里的我，真的能让中国人感兴趣吗？

当熙沙出现在面前时，我脑海里依然这样问着自己。这个美丽优雅的中国女子，因钟爱法兰西千年的传统文化而居住在法国；并为让她的同胞们像她一样爱上法国而煞费苦心。她的事业令我痴迷，令我折服。我深信，包括卡尼赛城堡在内的法国古堡无疑为中法两国人民彼此相识、彼此了解、彼此心仪的绝佳途径。

中法两国以各自千年文化传承的高度相互沟通，远比空洞抽象的“两国人民友谊”来得扎实些。而这一奇迹效应的出现，一位颇具聪明才智的使者自然必不可少。

熙沙正是这位法国在中国、中国在法国的使者！

Comte Denis de Kergorlay

法国古迹遗产协会主席

丹尼斯·德·柯高莱伯爵

目　录 | content

精美的“珠宝匣”

生活的艺术

前　言

到底是怎样的魅力，使我一年到头不断地往返于巴黎和法国的乡间，为的是这四个字“古堡岁月”所给我带来的难忘的经历和感受……这些贵族家庭的古堡，充满浓郁的历史气息，建筑的历史，家族的历史，一切古老的灵魂仿佛浸透在这一砖一石中，焕发着神秘的色彩，让我如此深深地被它们吸引！

在过去的六年中，由于工作和各种机缘，得以走访了法国大大小小上百个古堡，通过这些美丽的散落在各处的明珠，我的“古堡情结”和对法国悠久灿烂的文化历史艺术的激情与热爱更是与日俱增。这些古堡不只是建筑史上的辉煌一页，更是了解法国艺术、装饰、美食、美酒文化与生活艺术的必不可少的窗口。古堡这一建筑形式起源于中世纪，最早是军事防御基地，在战争频繁的年代，是人们必不可少的掩体居所。后来随着社会的发展逐渐走向和平稳定，人们给城堡这一建筑形式赋予更丰富深刻的内涵，在历史的长河中，记载着各个时期文化、艺术、生活形态、饮食文化等等。

La Vie de Château“古堡岁月”这四个字，曾经是特定法国贵族阶层生活的代名词，代表特权阶层优雅的生活方式。如今这种生活方式还不断地为现代人们所向往，仍然是顶级优雅生活品位的典范。对每个生活在古堡里的家庭来说，城堡是他们的宫殿，在这里上演着家族的世代兴衰的故事。有荣耀，有悲欢离合的太多回忆！那些宽大的洒满阳光的门廊、大理石楼梯，还有陈列高贵奢华的大沙龙客厅，几个世纪的古钢琴静静地在角落里，仿佛追忆着18世纪的女主人在这

里举办沙龙晚会的辉煌。宽大的书房里几面墙都是落地书柜，陈列自18世纪以来的家族藏书。路易十五的写字台上银质的烟缸里仿佛还有当年老侯爵常抽的那种雪茄的飘香。穿过长长的挂满绘画的走廊，是古堡家族祖父母的卧房，父母的卧房，还有小孩子的房间，这里有多少"古堡人"的童年回忆，儿时和兄弟姐妹的捉迷藏的趣事……所有的这一切温馨回忆，都是一份难以忘怀的家族的传承！

每当拜访一座古堡，逐渐揭开它那神秘的面纱时，我都感到特别的兴奋与激动。当我进入古堡，站在那宽大的沙龙中，四周环绕精美的油画和壁毯，身边是优雅之极的古董沙发、扶手椅。置身于如此完美无瑕的环境里，每一样装饰、艺术品，甚至一个水晶吊灯都已经存在几个世纪了，我在它们的面前显得多么渺小。每当这时，我心里总是充满感动和敬意，小心翼翼地走过这些艺术品，更加领会到真正的经典是无畏时间而存在的！

在欣赏它们的同时，那种莫名涌起的温馨而熟悉的印象，使我对前世之说充满了好奇……我愿意在这里和大家一起分享这"古堡岁月"的点点滴滴和我对古堡的热爱与激情！

熙 沙

2007年10月

经典的传承

毕塞克堡：五个世纪的传承

在清晨的雾霭中，我走近它——如同梦幻般的毕塞克城堡，它宏伟的身姿在清晨第一缕阳光的照射下如此辉煌！早起的骑手在林中穿过，给寂静的林间带来一丝生气，要知道毕塞克家族在马背上的犬猎传承已经5个世纪，这是一份家族的骄傲，也是经典的“皇室运动”。毕塞克静静地坐落在那里，它见证着怎样的历史沧桑，人世变幻？

◀ 早起的骑手在林中穿过，给寂静的林间带来一丝生气。

▲ 毕塞克家族5个世纪的传承，让人不得不感叹在这座城堡中，永恒与经典真的存在！

“在一半废墟中建起一半新的城堡，一个带平台的堡垒”，第13代毕塞克公爵是这样形容这个坐落在卢瓦尔河谷地区的宏伟建筑和被称为法国最高的城堡，一个不容忽视的铁的事实就是公爵的家族已经在古堡中生活了整整5个世纪，让人不得不感叹在这座城堡中，永恒与经典真的存在！

皮埃尔·德·布里兹是中世纪的法国国王查理七世的大臣，他在卢瓦尔河谷地区建造了一座仿照两座著名城堡兰盖和乌兹城堡风格的城堡。在1502年间城堡被卖给了高斯·毕塞克家族，城堡在16世纪天主教和

▲ 如果从合适的角度观察城堡，非常简洁，具有17世纪的主要风格。

▶ 毕塞克古堡的建筑非常精美，17世纪风格的平台，城堡下小河静静流淌。

新教的宗教战争与冲突中损坏了。1606年，毕塞克家族的后人开始恢复和扩建城堡，使城堡成为了一座无可比拟的杰出建筑。这一代主人是购买城堡的毕塞克的孙辈查理二世高斯·毕塞克，他的一生都为了修复城堡的建设而努力，可以说查理二世是城堡今天面貌的主要贡献者。随着毕塞克家族的不断兴盛和头衔的不断提升，直至公爵，权倾一时，查理二世请来了无数著名的建筑师、雕塑家、艺术家以及装饰师来加入这场浩大的工程，1621年工程随着查理二世的去世而停止。工程当时还没有完全结束，然而遗憾的是，查理二世的后人再也没有继续修复城堡，城堡直到今天一直停留在未完全结束的状态。现在在人们眼前的这座高达43米的城堡，东南面的两个圆形塔楼仍然是最早的城堡堡身，有5层楼高，这5层楼的建筑特色略微带有意大利之风，是依照传统风格逐一从地面向上排列的，它们是圆柱体部分、浮凸石头装饰、山形墙、旋涡装饰和城堡壁炉部分。在两座塔楼后面的城堡中部仍未完成，有4层楼高；城堡的北部，如果从合适的角度观察，非常简洁，具有17世纪的主要风格，在它的侧翼是一个更为高大的方形塔楼。

在17、18世纪，毕塞克城堡的宴会远近闻名，连国王都会光临。城堡各个房间的名字也刻上那个年代的烙印。比如“国王寝室”、“金色大厅”、“贵夫人睡房”、“肖像画廊”、“哲学家卧房”、“美丽的裘迪丝套房”、“美达莫佛斯套房”等等，让人不禁想回到17、18世纪，一睹那时达官贵妇的风范！昔日的金色大厅，现在是城堡的大沙龙，在繁复精美的17世纪装修的奢华内饰中，最为醒目的两幅肖像画是第12代毕塞克公爵和夫人，也就是今日城堡主人的祖父母。公爵是一身典型的犬猎行头，英气逼人；昔日的公爵夫人在画像中随意地靠在一个小柜前，衣着典雅，姿态迷人。在公爵夫人画像的不远处悬挂着18世纪大师高布兰的壁毯，这是一幅非常罕见的艺术品，壁毯的中央另有一幅画的图案。大沙龙中摆放了很多家族今日成员的照片，钢琴上的几幅不同的黑白照片都是城堡今日的女主人、第14代毕塞克公爵夫人的照片，这位年轻的母亲有四个可爱

的如同小天使般的儿女。拉丽莎公爵夫人是匈牙利一个大贵族的后裔，结婚前曾经是职业芭蕾舞演员，在德国王子阿兰伯格组织的一次犬猎活动上，她结识了今日城堡的主人、毕塞克家族第14代公爵查理－安杰。一段浪漫的恋情之后，拉丽莎成为了毕塞克家族的一员，也肩负起和丈夫一起传承古堡的重任，从此夫妇俩告别了各自自己的事业和工作，搬回城堡居住，直到今天共同管理着古堡和日常的来访者参观事务。城堡的客人从来都是达官贵人，英国女王的母亲也造访过毕塞克，大沙龙的一张精美的路易十五写字台上就赫然摆放着女王母亲的照片。意大利女明星索菲亚·罗兰也是古堡的客人，她昔日在古堡做客的优雅瞬间也记录在一张照片中。在大沙龙中，最大的一副肖像画是第8代毕塞克公爵的肖像，他曾是法王

◀ 城堡昔日的金色大厅，悬挂着第12代毕塞克公爵夫妇的肖像油画，公爵是一身典型的犬猎行头，英气逼人；昔日的公爵夫人在画像中随意地靠在一个小柜前，衣着典雅，姿态迷人。

▲ 在钢琴上摆放着现任毕塞克公爵夫人拉丽莎的照片，年轻的母亲拉丽莎结婚前曾是芭蕾舞演员。

◀ 金色沙龙的一角，弥漫着奢华的17世纪装饰风格，英国女王的母亲是城堡昔日的客人。

▶ 金色沙龙中最大的肖像画是第8代毕塞克公爵的肖像，可惜公爵命丧法国大革命期间。

▼ 美丽的意大利女明星索菲亚·罗兰也为城堡的魅力所震撼。

路易十六的巴黎行政长官，不用说，他赶上了法国大革命，1792年在凡尔赛命丧愤怒的革命民众手中。

在毕塞克城堡的三层设有一个歌剧院。1871年第11代毕塞克公爵在普鲁士战争中去世，他的夫人詹妮赛成为古堡的主人，这位夫人出生于富裕的制糖资本家家庭，她决定在古堡中建一个属于她自己的小型歌剧院，因为她是歌剧的狂热爱好者，她自己也演唱马斯奈和德彪西的作品，并每周定期在她巴黎的公寓中举行独唱会。城堡中的歌剧

▲ 城堡门廊的石头雕刻代表历代家族成员强有力的联盟，野兽的头部装饰是18世纪的大猎战利品。

▶ 古堡的小画廊，昔日的王公贵族肖像在这里一一陈列。

院终于在1890年落成了，每年秋季都在这里举行音乐节，詹妮赛公爵夫人邀请巴黎歌剧界人士在这里演出，这种盛况一直持续到1914年第一次世界大战开始的时候。热爱音乐的公爵夫人1916年去世了，当时城堡中的歌剧院“永久性”地关闭了。67年之后，一群自发组织的民众和装饰艺术师们无偿地修复了城堡中废弃的歌剧院，如今歌剧院的墙壁红色面料沿袭了以前的经典图案，双C钩在一起的图形是为了纪念城堡的最重要主人查理二世，双C则是他名字的缩写。这个小型的歌剧院可以容纳170名观众，现在也向公众开放，可以出租举办各种音乐盛会。

在城堡中的招待宴会厅的尽头，在人们没有注意的壁毯间，一道小门通往“国王卧房”，这间全部红色装修的房间是国王路易十三和他母亲1620年调停矛盾的地方。这是一段怎样的历史呢？法王亨利四世去世的时候，他的儿子路易十三还很年幼，他的母亲被任命为摄政皇太后，代替他掌管政务，摄政皇太后的近臣贡西尼却实际上大权在握，路易十三长大后派人暗杀了贡西尼，他的母亲非常不悦。一场母子争权的战争在皇室中进行，最后终于在1620年达成了暂时的和解。除了这全部是17世纪古董家具装修的卧房外，城堡的“犬猎卧房”也是

▲ 城堡的小歌剧院是在詹妮赛公爵夫人的创意下修建的。

◀ 歌剧院的门廊中陈列与城堡命运息息相关的经典女性的肖像画。

◀ 阳光随意地散落在城堡的楼梯间。

◀ 伯爵卧房的一本书记载着皇室的经典爱好。

◀ 清晨在伯爵卧房这张舒适的大床上醒来，是如此惬意！

▲▶ 国王卧房是法王路易十三和他母亲1620年调停矛盾的地方，这里记载着历史的经典片段。

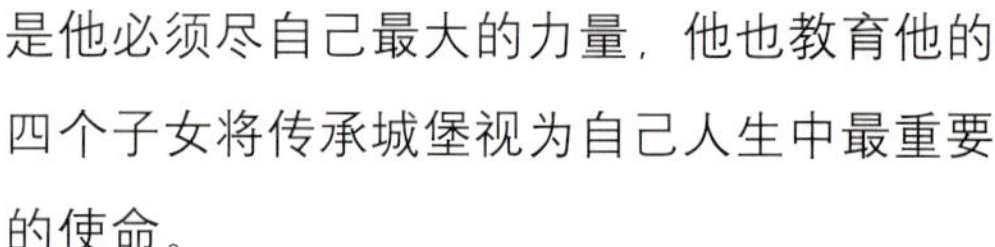

是他必须尽自己最大的力量，他也教育他的四个子女将传承城堡视为自己人生中最重要的使命。

◀ 清晨，城堡今日的主人查理－安杰开始了他忙碌的一天。古堡的历史总要有人延续下去，虽然很不易，他教育他的四个子女将传承城堡视为自己人生中最重要的使命。但愿毕塞克家族的后人如同河水般永不息止地将城堡代代相传！

◀ 狩猎卧房，墙壁上挂满关于狩猎场景题材的壁毯。

▶ 优雅的蓝色沙龙的任何一角都如此赏心悦目。

◀ 城堡的大餐厅。

▼ 毕塞克城堡拥有自己的酒品牌，出产红白葡萄酒以及粉酒，城堡的酒窖可以举办品酒活动。

▶ 城堡古老的厨房有一个巨大的壁炉，以及所有收藏级的铜制厨具。

最具特色的，整个房间的墙壁覆盖着17世纪的壁毯，全部是犬猎场景的内容，有各种动物，鹿、狮子、豹子等等。这些壁毯并不是城堡订制的，而是在1854年购自皇室收藏，从那之后，它们一直悬挂在房间中，再也没有被更换。

几个世纪就这样在历史的长河中缓缓流过，然而毕塞克城堡的一项家族经典却从来没有失传，那就是被称作“皇室的体育运动”的犬猎术。骑马犬猎在家族的历代成员中成为必不可少的一项家族教育，历代家族的男人肯定个个是犬猎的好手。然而现任公爵的曾祖母，乌兹公爵夫人也终身进行犬猎。她的一生充满了传奇色彩，本来乌兹公爵夫人和任何一位贵族夫人一样享受着高贵而宁静的城堡生活，然而她的丈夫的早逝给

▲ 昔日的大画廊，今日成为宴会大厅，长32米。构建如此长的画廊是16、17世纪的时尚，现在仍然可以想见这里当年的盛宴场景。大厅的彩绘墙壁以及窗板都饰以城堡最重要的修建者查理二世的名字缩写。骏马的雕塑提醒着访客城堡主人历代都是在马背上度过的，这是家族的骄傲！

▲ 古代城堡的绘画。

▶ 城堡的门厅中装修一座17世纪的木雕小轿子，在古代的法国，这是非常豪华的出行工具。

她带来巨大的悲痛，她决定以丈夫生前最爱好的犬猎形式来继续缅怀他，纪念他。于是作为少有的女性，乌兹公爵夫人在她守寡的人生中进行犬猎，直至生命的最后岁月85岁高龄，被形容在“马背上”去世。这位巾帼不让须眉的夫人也是在1923年中惟一获得“捕狼中尉”这一荣誉称号的女性，也是法国最早开始驾驶汽车的女性，她创办了法国最早的汽车俱乐部，定期在毕塞克城堡进行聚会。这些昔日的经典女性曾经引领法国历史的潮流，也使古堡充满迷人魅力。法国的城堡都是由男人的权力和女人的细致谱成的一曲辉煌的乐章。

今日城堡的主人，查理－安杰每日在他位于城堡平台一侧的办公室中，处理城堡的日常来访组织活动等业务。从他父亲第13代毕塞克公爵手中接手城堡后，他放弃了在巴黎的工作，专心在城堡延续着家族的使命。由于城堡巨大，他和家人居住在城堡三层一侧的套房中，其他闲置的部分也常出租办婚礼和商务活动，以及各种宴会，城堡常年有十几个工作人员负责各种修缮和定期的工作，这在法国的众多私人城堡中已经算不少人手了。

这个阳光明媚的周六一早，城堡所有的人就显得异常忙碌，清晨已经有人来准备中午的一个午餐宴会，大家都在古堡中各司其职，查理－安杰也开始他忙碌的一天。古堡的历史总要有人延续下去，虽然很不易，但

◀ 周六的早晨，城堡的人们已经开始忙碌的工作了，大宴会厅中服务人员在繁忙的布置，这里很快又要开始一场盛宴；城堡金色大厅的精美插花原来是在这样的巧手中制作的。

F-GVUI

渥子爵堡：富盖的梦想

渥子爵堡坐落在巴黎的南郊，这里虽然不是皇宫，却犹如一座异常豪华宏伟的宫殿，这里凝聚着法国历史上权倾一时的著名财政大臣尼古拉·富盖一生的梦想，交织着智慧、权力，对财富的追逐、嫉妒与毁灭的爱恨情仇……一个夏日的清晨，我站在宏伟的古堡大门口，它典雅高贵的米色建筑在灰色房顶的衬托下，巍峨地屹立在不远处，时光飞逝了几个世纪，在掩不住的沧桑外表下，它仍然保持着特有的高傲之姿。我小心翼翼地走在碎石铺成的甬道上，几个世纪以前，国王路易十四的皇家马车曾经在这条甬道上行驶过，国王的驾临是莫大的荣誉，然

◀ 夜幕降临在渥子爵堡，17世纪这里的一场豪华夜宴注定了它的主人——著名大臣富盖戏剧性的人生。

▲ 在傍晚的夕阳下，渥子爵堡见证着历史的沧桑。

而也暗藏着一切灾祸的起始……

尼古拉·富盖1615年出生于一个官宦律师之家。他年轻时受到良好的教育，仕途也一帆风顺，效力于国王路易十四，任职财政大臣。1661年，由于奸臣高尔贝的嫉妒和陷害，路易十四用莫须有的挪用公款的罪名将富盖投入监狱，直到他1680年去世，富盖的晚年都是在铁窗中度过。为什么灾难会突然降临，幸运在一夜之间离他远去？这一切都源于渥子爵堡的繁华。

▶ 昔日豪华的大理石圆形厅今日成为各种上流社会晚宴的场所，宾客络绎不绝，再现17世纪的繁华。

▲ 城堡正面的大门入口处铁艺。

▲ 从城堡顶部俯瞰法国花园。

奢华的渥子爵堡是非常精通并且不断追求生活艺术的富盖的梦想，也正是他用完美的品位和独到的眼光实现了这一梦想。1641年富盖在两个河谷交汇的"渥"地区买下了一片庄园，把附近500公顷的领地也清理出来，一个伟大的计划马上要开始实施了。富盖自己家族的财富和去世的首任妻子的财产相当可观，他请来他那个年代最伟大的建筑师勒沃、装饰彩绘师勒布朗，以及当时还没有什么名气、后来成为法国园林大师的勒诺特。1656年浩大的工程开始了，石匠和细木工匠工作了一年多，完成了基本的构架，1657年城堡的房顶加了上去，几个月之后地板也安装完毕。1658年9月装饰彩绘师勒布朗进驻了城堡，开始内部装饰部分的工作。三年后，直到富盖被捕，有些部分的彩绘还没有全部完成。

城堡建在一个略高的平台上，前后的大门外部有两个宽大的平台，以及巨大的石头台阶，这样从城堡的平台向外眺望，可以俯视整个花园和喷泉水池。1653年勒诺特已经进驻城堡开始领地的园林设计，他将巨大的庭院花园设计成以城堡建筑为轴心的放射状，从而形成了日后大放异彩的法国式园林风格。富盖非常支持当时还默默无闻的勒诺特，给予他充分的创造空间，使这位未来的法国园林大师的设计天赋首次全部发挥出来。无论从哪个角度望出去，风景都非常完美。17世纪法国的一些著名文学著作中，提及渥子爵堡的花园，有这样的描述，“从城堡的平台望出去，一望无际的花园有很多宽阔优美的甬道，还有很多喷涌而出的泉水，修剪工整的花坛和那些数不清的白色大理石雕塑，一直延续到视线看不见的地方”。

城堡内部设计也和那个年代的其他城堡建筑有所区别。进入城堡的大门，一间宽大的大理石门厅正对面是几层楼高的圆形大理石大厅，大厅的外围一圈装饰以大理石雕塑。以200多平方米的宽大圆形大厅为轴心，左边对称分布着城堡图书馆、皇帝寝室、皇帝书房；右边则是神话天神海克力斯前厅、神话天神缪斯沙龙和棋牌室。这些沙龙和房间都面对花园，拥有绝美景观。在一层的门厅左右还有一个餐厅和方形睡房。在城堡的二层是一些历代古堡主人的私人寝室，富盖的睡房也在这层。地下室则是城堡昔日的厨房、酒窖等等。

如此辉煌的城堡当然少不了文人墨客和社会名流，法国历史上著名的诗人拉丰丹和著名剧作家莫里哀都是渥子爵堡的常客。拉丰丹创作了著名的《渥的梦幻》一诗，而莫里哀也在城堡的神话天神缪斯沙龙出演了他的名剧作《丈夫学院》。著名作家塞维尼夫人也是城堡的忠实朋友，她和富盖都是祖籍

▼ 城堡四周环绕护城河，一角的附属建筑今日改成办公区，今日古堡的管理者让-查理每日在这里的办公室中处理各种日常事务。

▼ 17世纪园林大师勒诺特所设计的法式园林在19世纪由园林师兰尼用了50年的时间，根据鼎盛时期的画作图形，重新恢复了原有的面貌。

▲ 城堡两侧各有左右两个建筑群，德·渥贵家族在其中一侧建筑中居住。

◀ 城堡护城河水静静流淌，水中鲤鱼自由游弋。城堡的一座古老吊桥仍在使用中，为连接城堡与背面花园的必经之路。

▲　位于城堡中轴线上的长方形喷水池，水流从十几个泉眼同时喷射出来，异常壮观。

▶　法式花园一端的大运河是富盖花巨资修建的，运河长度为1公里，将花园横截成两部分。

法国布列塔尼地区的同乡。富盖具有高雅的品位，他的一位兄长是居住在意大利的神父，他通过这位兄长购买、收藏了一些意大利的名画和雕塑。富盖在城堡附近还建立了壁毯制作作坊，雇用300多名匠人制作壁毯，在富盖入狱之后，这些作坊转到著名壁毯大师高布兰的名下，继续制作传世的精美壁毯。

1661年8月17日对渥子爵堡来说是一个喜庆的日子，然而在喜庆的气氛中也蕴藏着隐隐的不安。城堡刚刚建好，富盖在这一天举办盛大的晚宴，几百名王公贵族应邀参加，国王陛下路易十四也大驾亲临，这将是空前的盛况！在烛光点点的花园中，贵族们在观赏花园和城堡，一切的繁荣景象使富盖陶醉了，他完全得到了上天的青睐，一切都是如此完美！路易十四也为城堡的奢华辉煌所震撼。他心中暗想，这里比皇宫也有过之而无不及。在嫉妒心的驱使下，听从了奸臣高尔贝进的谗言，国王在城堡晚宴之后，就雷霆大怒，下令以私吞国家公款的罪名将富盖投入监狱。从那之后直到去世，富盖再也

▼ 城堡附设咖啡馆和餐厅，服务人员身着古代服装，仿佛回到几个世纪前。

▼ 法式花园中杜先恩风格矮树花坛少不了及时的修剪和精心维护。

▲ 城堡正在进行修缮房顶的部分施工和日常维护的各项工作。

▶ 几何对称的法式庭院一角，17世纪的雕塑点缀其间。

◀ 面向法式花园的女神像代表正义，出自17世纪雕塑家安奎之手，朴素的沙石岩构成城堡的坚固基座，与城堡建筑主体黄色的墙面形成鲜明的对比，与灰色的堡顶遥相呼应。

没能看一眼倾注他毕生智慧和品位的城堡。富盖在狱中据说常年戴着铁面具，大仲马的《铁面人》正是根据富盖大臣的故事改编的。法国思想家、哲学家伏尔泰曾这样形容这场夜宴带来戏剧性的人生，"傍晚时刻，富盖如同子爵堡的君王，子夜2点，他就什么都不是了。"

在富盖入狱后，城堡的家具艺术品被路易十四下令搬走了，富盖的家族也被驱赶出城堡。十二年之后，富盖夫人回到城堡，她的儿子这时不幸去世，城堡没有继承人，只能出售。维拉元帅战功显赫，他被皇帝授予公爵头衔，成为了城堡的新主人，城堡改名为"渥·维拉"堡。城堡仍然见证了一些辉煌的岁月，元帅的后人由于财政原因无法继承城堡，在1764年将城堡卖给普拉斯林公爵，一位海军长官。从此之后城堡在公爵家族中传了6代。在法国大革命中，由于第二任普拉斯林公爵夫人的明智策略，暂时将城堡传给了国家，城堡侥幸躲过灾难，没有被毁坏。普拉斯林公爵家族的后人们也做了一些修复的工作，直到19世纪中期，家族逐渐废弃了城堡，后来将城堡进行公开拍卖。

1875年索梅尔成为了城堡新的主人，这时的城堡需要大量的修复工作，著名建筑师岱斯台勒接手了修复项目，新的房顶，城堡内部的一些墙和外部的建筑部分都得以修复。索梅尔决定收集17世纪的古董家具来装饰城堡。勒诺特的法国花园由园林设计师兰尼花了50年的时间，根据鼎盛时期的画作图形，重新恢复了原有的面貌。修复装饰这样一座巨大的城堡是一项任重道远的工作，索梅尔毕生都致力于城堡的修复，之后他的儿子、儿媳继续这一工作，直到今天的主人，他的曾孙德·渥贵伯爵夫妇仍然守护着这座历史悠久，命运起伏迭宕，意义非凡的城堡。

▶ 法式园林中一座座与众不同、栩栩如生的雕塑。

此刻在城堡的大理石门厅中迎接我的是城堡主人夫妇的儿子，让－查理·德·渥贵，一位金发碧眼，高大英俊的年轻人。他的行事风格低调细致，非常周到，让来访的客人马上感到城堡的亲切友好。他的职务是城堡的商业总监，现在德·渥贵家族已经不再居住在城堡中，而是搬到城堡左侧宽敞高大的附属建筑中，整个城堡主体建筑被开放成可供人参观的博物馆，并且出租举办各种宴会活动的场地，渥子爵堡今日仍然仿佛17世纪的繁荣盛世，不同的是在现代社会中，可以被更多的人们了解和珍视：在白天的参观中，在各种晚宴上，分享城堡的魅力，缅怀富盖的梦想。

如今渥子爵堡如同一个私家拥有的城堡企业，每年开放季节雇员就多达百人，城堡每年日常经营费用高达几百万欧元，除了一些少量的国家补助，城堡的修缮费用都来自于每年开放的利润。城堡有售票处、纪念品商店，供游人和员工进餐的餐厅咖啡厅，勒诺特的园林中，还有自动出售饮料的机器，出租代步的园林游览电瓶车。城堡现在在进行修缮房顶的部分施工，将原有的色彩斑驳的灰色房顶变成全新闪亮的灰色。园丁在花园中忙碌着修剪树木，城堡中管理人员各司其职，友善周到地接待来访者。一切都管理有序，这要归功于让－查理，他学习商业，做过银行等职业，为了家族的这份瑰宝，投身于家族企业，管理渥子爵堡日常事务，以及城堡的市场公关等工作。让－查理说起古堡生活，觉得这是一个十分难得的环境，他能够从小在这里长大，并且一直和他的家人居住在这里，更是无比的奢侈，他希望通过努力的工作，把城堡经营得更好，以便他的家族一直生活在这里。

▲ 进入城堡底层大门正对着圆形大理石沙龙，高度贯通整个城堡，是勒沃的经典设计，为法国建筑史上辉煌的一笔。

◀ 城堡中宽大典雅的楼梯。

▶ 建筑正面的对称弧形墙壁柔和了整体的直角感觉，托架上的大理石胸像给黄色的建筑外墙更添几分生动。窗户在17世纪本为铅框，并非今日所看到的木制框架。富盖家族盾牌徽章装点着城堡外墙，体现着尊贵及威严。

▲ 黑白相间的抛光大理石地板对应了宇宙的体系和日计时的标志。

◀ 在17世纪那个盛大夜宴的晚上，城堡的大理石沙龙的装饰工程还没有完全结束，勒沃的设计主体为“太阳宫阿波罗神殿”。飞檐下的16座浮雕代表四季和黄道十二宫。

► 城堡的走廊中悬挂的巨幅油画，描述的是1728年路易十五的王后乘坐马车游渥子爵堡花园的场景，为了迎接王后的光临，花园中所有的喷泉奔腾不息。

▼ 城堡走廊装饰以18世纪的铜板印刷画。

▲ 方形大厅。17世纪这间连接海力克斯前厅与富盖卧房的大厅用途不详，大厅墙壁的装饰绘画十分精美，如今正中悬挂城堡建筑师勒布朗为富盖所绘制的肖像，画中一身黑衣的富盖平静地注视着他倾注了毕生心血的城堡。

◀ 神话天神缪斯沙龙是勒布朗的杰作，这里曾经是富盖的官方客厅，是一间精美非凡的沙龙，顶棚上的绘画源自神话故事，题为“忠贞的胜利”，表现的是掌管历史的天神缪斯克莉奥在女缪斯普鲁当斯的引领下，走上忠诚之路。这也代表着富盖效忠法皇的态度。顶棚四个角落里还画有掌管悲剧与喜剧的缪斯天神，这仿佛暗暗地预示着富盖的一片忠心也未能改变他骤然间从喜剧进入到悲剧的人生。1660年莫里哀也在这个沙龙中演出了他的名剧《丈夫学院》。

▶ 从神话天神缪斯沙龙通往海力克斯前厅的大门，奢华的景致层层叠叠。

◀ 海力克斯前厅中两张大理石石桌异常华丽，腿部雕刻狮子形状，是城堡中仅存的富盖当年的家具。

◀ 城堡在清晨的第一缕阳光中如此辉煌，这颗古松见证着毕塞克家族的经典与永恒。

▶ 黄昏，城堡的绿地上一个美丽的热气球开始了它的行程。

▲ 天神缪斯沙龙旁边一个小厅为游戏室，明亮欢快是这里的主题。

渥子爵堡有一个“渥子爵堡朋友圈组织”，会员已经有2000多人，这些人们都是怀着对城堡的热爱，作慷慨的捐赠和其他的贡献。在我的拜访仅仅几周之后，美国明星伊娃·朗格里娅（《绝望的主妇》扮演者）将要在这里和她的球星未婚夫托尼·帕克举行盛大的婚礼，她也是在一次拜访中，深深地被城堡的魅力所倾倒，选择这座奢华壮观的城堡为婚礼晚宴的地点，这将是城堡这个夏天又一个精彩的夜宴，将再次引起全球的关注！

◀ 小巧的空间衬托金色的精美彩绘的壁板，上有各种动物花卉的图案，其中也包括代表富盖标志的松鼠。

◀ 摆满德·渥贵家族各代成员照片的小几。

▶ 在1764年城堡被卖给普拉斯林公爵，一位海军长官。从此之后城堡在公爵家族中传了6代。

▶ 1780年普拉斯林家族将原来富盖夫人的接待厅改成一间小一点的卧室，便于供暖，并使居住更为舒适。

▶ 普拉斯林卧房一角，金黄色的丝质面料陪衬精美的家具，给卧房带来华丽和舒适的气氛。

▲ 路易十五寝室。18世纪的风格在这个房间中完美地体现出来，这从本质上区别于路易十四年代的审美趣味。

▶ 无论从壁炉的设计到任何一件家具，华丽的直线形这时已经被路易十五代表风格——优雅弧线形所取代，虽然主宰一切的金色还没有完全退出时尚的舞台，面料的色彩已经变得更加轻快鲜艳，更加贴近大自然。

◀ 蓝色的富盖夫人房间。遗憾的是这里现在未能完全保有17世纪的原貌，据说那时这个房间效仿凡尔赛宫的镜厅，四壁装饰很多面镜子，是17世纪中期盛行的风格。现在这里唯有17世纪蓝色丝质墙壁下方的包壁板，彩绘部分保留完好。

▼ 路易十五起居室的浴室。维拉家族时期，原有宽敞的富盖夫人卧房被分成两部分，一间卧房和起居室。后来普拉斯林家族重新改变这里的格局，建成三个更小的房间，一间卧房，一间前厅和这间18世纪浴室，18世纪的浴缸、马桶等设施可以让今日的人们瞥见那个年代的卫生习惯。

▲ 城堡一间小厅中陈列的波旁王子的胸像雕塑和木刻。

▶ 城堡的大餐厅。古代人们通常在一个小房间里的小桌上随便用餐，在一间大厅中摆放长桌正式进餐的习惯是17世纪中期之后才产生的，富盖在城堡中设计这个正式的大餐厅在那个年代实属创新。

◀ 金色和浅绿色的精美丝质床榻是国王卧房中最引人瞩目的地方。这间金碧辉煌的卧房是巴洛克风格，专为国王陛下的大驾光临而准备的，尽管国王本人很少来到渥子爵堡，也从来没有在这里过夜。作为礼节和对国王的尊重，许多法国的大型城堡中总是会虚设一间高大的国王卧房或套房。如果国王真的住在自己的城堡中，有几个主人不诚惶诚恐？恐怕无法入睡吧。

▶ 国王前厅。在国王卧房隔壁，原本被称为国王前厅的大厅在18世纪被普拉斯林家族改为图书馆，在富盖年代这里的装饰没有完成。然而，不难看出华丽的意大利风格顶棚、墙角装饰已经尽善尽美。墙壁一侧的路易十六风格桃木书柜线条笔直简洁，摄政风格扶手椅镶嵌壁毯材质面料，壁炉上方悬挂国王路易十四的肖像。

◀ 大图书馆中陈列几个世纪的藏书，和德·渥贵家族成员的照片。

▶ 在城堡的一段走廊中陈列着1875年成为渥子爵堡主人的索梅尔家族几代人的肖像油画以及老照片，这个家族在近代为城堡作出了巨大的贡献。

▶ 城堡今日的主人，索梅尔家族直系后裔帕特里斯·德·渥贵伯爵夫妇和他们的儿子让-查理全心全意地守护着城堡。

▶　在法式花园中大片大片的矮树花坛映衬下的小天使雕塑。

▼　渥子爵堡正面巍峨的大门。

拉菲堡：罗西尔德的传奇

进入埃里克·德·罗西尔德男爵的领地，在这片生长着90多万株葡萄树的土地上，在这个占地300多公顷的庄园中，走上3个小时都见不到一处院舍。

1868年8月8日是罗西尔德家族值得纪念的一天。这一天，詹姆士·德·罗西尔德男爵在拉菲前主人举行的公众拍卖会上购得拉菲堡，男爵本人在买下拉菲的三个月后不幸去世，其三个儿子共同继承了酒庄，其中包括后来为酒庄发展作出不朽贡献的埃德蒙男爵。1868年对拉菲堡来说更是值得纪念的一年：迎来了新主人；葡萄酒进入发展繁荣时期；更辉煌的成就是这一年拉菲酒的售价达到了有史以来的最高价，这一价格在此后的一个世纪内无人超越。

拉菲堡同时也是一座充斥着精美艺术品的宫殿，自从詹姆士男爵买下拉菲堡之后，

▲ 拉菲堡占地300多公顷，为埃里克·德·罗西尔德男爵的领地。

◀ 拉菲不仅盛产美酒，城堡本身也是一座艺术的宫殿，城堡内部装饰美轮美奂。

▶ 一侧的楼梯为白色大理石质地，简洁雅致。

他的夫人贝蒂·德·罗西尔德，一位在那个年代最美丽的女人，热衷于诗歌和绘画，著名肖像大师安格尔曾为她绘制一幅美丽的肖像画。男爵夫人收集了很多各地的古董家具、壁毯、绘画、瓷器及艺术品，垂质感的窗帘，中部加以装饰面料的沙发，来装饰她的新家拉菲城堡，并形成了独特的罗西尔德风格。

第二次世界大战曾为酒庄的命运带来波折。随着1940年6月法国的陷落，梅多克地区被德军占领，拉菲堡未能幸免于德军的驻扎。罗西尔德家族的酒庄被扣押，成为由公众管理的财产。临时政府为保护拉菲使其免遭德军的破坏，于1942年将拉菲征用为农业学校。城堡被征用，陈酒被劫掠，加之战争时期能源匮乏、供应短缺，拉菲堡必须经受这一切严峻考验。1945年底，罗西尔德家族终于重新成为拉菲的主人，一系列重建工作在葡萄园和酒窖内开展起来。在酒庄恢复出产顶级酒的历程中，艾理男爵扮演着一个主要角色。在伦敦最早的品酒会上，他是一名积极的参与者，并成为1950年成立的葡萄酒酿造者协会的创始人之一。

▲ 红色的沙龙中，钢琴上摆放历代主人的照片。

▶ 大厅中极尽奢华典雅，肖像画为历代家族成员，均出自名家之手。

LE BARON

1973～1976年的波尔多危机过后，罗西尔德拉菲堡由艾理男爵的侄子埃里克男爵执掌，无论从银行业还是到家族酒庄，埃里克男爵是堪称一位拥有超凡能力的人。

男爵在1974年从他的叔父艾理男爵那里接管了拉菲堡。从那时起，他身兼三职：从事伦敦的私人银行业务，拉菲堡酒庄的主人，同时还在法国的犹太社会基金会中兼任职务。那么男爵到底对这三项工作中哪项更有兴趣呢？他是这样回答的："如果从人文方面考虑，我的兴趣是犹太社会基金会；从金融业的兴趣出发，是为银行工作；但如果是为了一个快乐和兴奋的人生，我的选择就是拉菲酒庄城堡。"

史料上对拉菲最早的纪录可以追溯至公元1234年，这一时代的法国，修道院遍布大小村庄城镇，位于波尔多波亚克村北

◀ 绿色的沙龙布置自成一派，被称为"罗西尔德风格"，就是以这种中部加一条装饰面料的沙发为代表。19世纪，贝蒂·德·罗西尔德男爵夫人收集了很多各地的古董家具、壁毯、绘画、瓷器及艺术品，垂质感的窗帘，中部加以装饰面料的沙发，来装饰拉菲城堡。

◀ 能够成为拉菲餐厅的座上客，肯定有运气在主人的款待下品尝极品美酒。

▶ 拉菲出品的美酒享誉全球，被称作奢侈的典范，红酒中的王者。

部的维尔得耶修道院正是今天的拉菲堡所在。西格尔侯爵是在拉菲建起葡萄园的第一人，18世纪初，拉菲堡的酒开始打入伦敦市场。1707年，官方的伦敦公报上出现了拉菲的名字。之后，拉菲进入了伦敦的公众拍卖会，且特别标出了产地，不久后又加注了年份。拉菲堡的酒在英国非常受欢迎，甚至于当时的英国首相罗伯特·沃尔波每三个月就要购一桶拉菲！

1755年，权臣黎世留被派驻圭亚那地方总督，临行前，波尔多一位医生为他开了一副独特的“处方”：常饮拉菲的酒，这是令脸色红润健康的最有效也最美妙的“药”。黎世留回到巴黎后，一天，国王路易十五特别向他道：“亲爱的元帅，我实在要说，自从您赴圭亚那上任以来，您看上去至少年轻了二十五岁！”黎世留则回答：“我的王上，难道不知道我找到了那能够使人恢复青春的泉水？我发现拉菲的葡萄酒是一件万能而美味的滋补饮料，可与奥林匹斯山上众神饮用的玉液琼浆相媲美！”不久后，整个凡尔赛宫内开始只谈论拉菲，因为它得到了国王的宠幸！

“在拉菲，在纪隆德河畔这块厚厚的覆满沙砾的土地上，葡萄永远生命旺盛，有些甚至已经迎送80年的风雨，它们只见过人手的劳作而未听过机器的喧嚣。从路易十五封拉菲为‘国王之酒’的时代至今，王者们来来往往已不见踪影，惟有伟大的拉菲随历史一起来到今天。”曾有人如此描绘拉菲。拉菲独特的土壤使它卓然出众而成为世上惟一，大自然赋予的灵性令这块土地酿造出独一无二的传奇的美酒，同时也滋养着一个传奇的家族。

罗西尔德家族是一个传奇。就像洛克菲勒一样，在法国，罗西尔德被人们认为是巨额财富的象征。罗西尔德家族有250年的辉煌历史，很多家族成员在商业、慈善、科学、公共服务及艺术收藏方面成绩斐然。这个王朝的奠基人梅尔·阿姆奇尔·罗西尔德1743年出生于德国法兰克福贫穷的盖陀区，长大之后成了一个收集经营旧钱币的小古董商。由于会巧妙处理人际关系，并不时运用一些政治手腕，他结识了一些金融方面的关系资源，尔后发展建立了自己的

▲ 在拉菲的地下酒窖中不乏19世纪的精品。

▶ 在这看似简陋陈旧的酒窖中，每瓶珍藏的酒都是天价。

金融机构。梅尔·阿姆奇尔·罗西尔德有五个儿子，每个儿子都在一个主要的欧洲城市建立了一个金融分支机构。他们在与人沟通方面的技巧是成功的重要因素，因为其他的金融机构在当时还不具备这样的素质。梅尔·阿姆奇尔在通向成功路上的一个基本的策略就是将生意牢牢地掌握在家

▲▶ 拉菲这片土地上生长着90多万株葡萄树。

◀ 工人在葡萄架下辛勤地采摘。

族成员的手中，给他的儿子们积累财富和经营业绩的自主权。甚至在家族成员的婚姻方面都作出谨慎的安排。

罗西尔德家族的徽章包括一只握紧的拳头和五支箭，象征梅尔·阿姆奇尔·罗西尔德的五个儿子。在盾牌下方是家族的座右铭，用拉丁文标出，意思是"团结、正直、勤勉"。家族徽章中红色的盾牌代表"罗西尔德"这个名字的喻意。罗西尔德家族对慈善事业有传奇般的慷慨，他们通过家族的金融和政治背景致力于改善犹太民族在欧洲的处境。前任以色列总理西蒙佩尔这样评价罗西尔德家族："史上从未有一个家族像罗西尔德家族这样为了铸成历史作出如此慷慨的捐赠！"

▲ 罗西尔德家族的徽章包括一只握紧的拳头和五支箭，象征梅尔·阿姆奇尔·罗西尔德的五个儿子。在盾牌下方是家族的座右铭，用拉丁文标出，意思是“团结、正直、勤勉”。在城堡中到处可见五支箭的标志。

▶ 今日这个杰出的家族还在不断地铸造历史和书写传奇。

诺曼底的明珠

卡尼赛堡：和谐纯净的世外桃源

距离巴黎300公里的诺曼底省的中部，在30公顷私人园林的环绕中，坐落着卡尼赛城堡。这里，时间仿若静止，松鼠在森林中跳跃；一望无际的草地上主人的小狗欢腾奔跑；波光粼粼的湖水中，黑天鹅和白天鹅以及各种水鸟在自由地游弋；湖畔的微风传来远处孩子们的欢声笑语，所有的生灵在这片领地上和谐地共处，永恒与浪漫构成这里的主题。蓝天骄阳下，在绿地和森林的包围中，城堡是如此明艳；在细雨朦朦中，城堡也是如此浪漫柔和，人们仿佛瞬间将灵魂融入这一片雨雾，引发

◀ 在诺曼底省的中部，在30公顷私人园林湖泊的环绕中，坐落着卡尼赛城堡，仿若一个真正的世外桃源。

▲ 城堡大门旁静静矗立的塔楼仿佛一位千年的守望者。

◀ 城堡源自千年前的防御工事，16世纪时得以改建，到今天几百年来完好无缺，傲然屹立。

▼ 城堡湖泊中游弋的黑天鹅身姿优雅。

无尽的遐思与梦想。

时光追溯到遥远的1066年，在威廉大帝攻占英格兰的队伍中有一名叫做德·卡布奈将士，他就是卡尼赛城堡的主人。卡尼赛城堡当时是一座中世纪的防御基地，带有几个塔楼，由东南两面构成连体的建筑，还有一些供人们居住的部分。到了16世纪，法皇亨利四世统治时期，城堡的主人是赫威·德·卡布奈，他和法兰西的元帅杜西尼伯爵的女儿联姻，一时间传为佳话。为了迎娶佳人，赫威任命了著名建筑师加布里埃尔对卡尼赛城堡进行了一系列的改建修缮工作，其中包括给建筑外部门框、窗框的边缘嵌入一种能发出紫水晶般光泽的紫色石材，和城堡中世纪朴素的石质主体墙面完美呼应，起到了画龙点睛的提升作用，使城堡建筑散发着神秘和古雅的光彩。

1787年，城堡的女继承人嘉斯汀嫁给了国王军队的一位军官柯高莱。婚后两年，他们被家人送往意大利，他们夫妇在意大利居住了好几年，直到1803年。这段时间法国正在进行大革命，嘉斯汀的父亲、姑姑和妹妹在1794年在城堡中被革命群众抓获，并被送上断头台，这时是法国大革命共和历的第11个月。虽然城堡失去了主人，但是却逃过了被充公变卖的命运，这多亏了城堡忠心耿耿的看守人。据史料记载，当时地方政府的官员已经来到城堡，要进行将城堡充公的一系列手续，但是城堡的看守人非常机智，一番美食美酒盛情款待，并将他们都灌醉之后送上马车打道回府。嘉斯汀夫妇在之后不久回到法国，作为家族惟一的幸存者，继承了卡尼赛。在大革命过后的恢复期，他们继续

▲ 城堡的小狗劳瑞是访客们的好伙伴，信步在城堡的领地中，它总是陪伴左右，不会令人有孤身一人的感觉。

▶ 大树下的石凳，仿佛诉说着很多发生在这里的往事。

◀ 卡尼赛城堡的音乐沙龙，这里每年冬季都举办卡尼赛音乐节，场面热闹，很多音乐界名人都在这里演出过。

▼ 精美的古董钟，背后的镜子倒映出音乐沙龙。

▶ 钢琴，肖像油画，桃红色里昂丝面料路易十五扶手椅，青花的台灯，处处呈现华丽优雅的贵族气派。

◀ 书房一角，路易十五年代的写字台临窗而放，让历代卡尼赛的主人都可以望着窗外陷入沉思。

▶ 大沙龙中的油画都是家族历代私人收藏，静物和肖像画悬挂错落有致，由大沙龙进入音乐沙龙，要穿过这个斜斜的走廊。

▲ 餐厅隔壁的大沙龙中，各种开胃酒和香槟都已经准备好了，只等客人享用。

◀ 华丽气派的大餐厅，悬挂古董吊灯，墙壁的狩猎动物绘画是17世纪的时尚的题材，出自大师手笔。仅有这张大长桌，所有的客人在这里一起进餐，不管之前认识还是陌生，在共度一个美好的晚上，大家共享美食美酒之后，都能成为畅所欲言的好朋友。

▶ 餐厅的壁炉，配饰精美的烛台和座钟，壁炉旁边各种点壁炉的器具火钳，风扇一应俱全，这个阴霾的雨水过多的6月，壁炉的火从来没有停过。

▼ 晚餐要开始的时候，也许因为跟着我在领地中溜了一大圈，小狗劳瑞已经累得趴在地上睡着了。

▲ 各种漂亮的铜制炊具已经使用了几个世纪，是名副其实的实用古董，十几年前刚刚停用，转为摆放参观的用途了。

◀ 大厨克里斯帝安的手艺在晚餐时已经倾倒了我和其他几位美国的客人。第二天中午我一个人孤零零地望着窗外连绵不绝的雨发呆，他又为我特地烹制了一个人的午餐，从头道到甜点，一丝不苟！他的亲切温暖的性格和高超的手艺是卡尼赛不可分割的魅力。

居住在城堡中，柯高莱当选为议员。19世纪，他们的儿子为城堡的外部和内部做了很多很多的改进，园林也改变为英国风格。

直到20世纪，城堡的主人都是柯高莱和嘉斯汀的后人，代代相传，每一代主人都是城堡的贡献者，不断地在作修复工作。1944年，在“二战”中，城堡被毁坏，1945年城堡被评为法国国家历史建筑，在法国国家历史建筑组织的帮助下，城堡很快被修复了。今日的主人，身材高大气质经典的丹尼斯·德·柯高莱伯爵和他的家人常年穿梭于他们巴黎的公寓和城堡中，这里陪伴他们的是那些几个世纪的家具、图书、壁毯、家族成员的肖像画、墙壁的木雕，等等。壁炉旁边装饰着家族的图腾徽章。近年来丹尼斯和他的夫人重新装饰设计了城堡，以他们夫妇优雅的品位，把城堡变成一个更舒适奢华的住所，使主人和客人们在今天充满压力和焦躁的现代社会中忘记烦恼，在卡尼赛的平静安详的气氛中“偷得浮生几日闲”。城堡中有17间客房，每个房间都各具特色，装饰独一无二，并命名以“院士套房”、“路易十六寝室”、“帝国套房”、“波里亚克套房”等等，每个房间都反映出一个时代的印记。客房每一个角落都体现着完美，无论是丝质的窗帘、床头华盖，还是那些精美的家具和装饰艺术品。在高大的走廊中，墙壁上悬挂着一排优雅的18世纪贵妇画像，哪怕最挑剔的目光也会沉醉在这完美无缺的陈设氛围中。很多客房的洗澡间，窗外就是平静的湖水和湖中小岛上的树林，如果在夜晚打开窗户，点上香熏的蜡烛，泡在一缸热水中，听着远处的鸟虫鸣唱，呼吸着窗外的清新和浴缸中的香气混合的味道，瞬间便摆脱一天的疲劳，这是多么惬意和独一无二的享受。

▲ 厨房的一角，原来这盘已经准备好的水果就是我午餐后的甜食。

▶ 大餐厅的角柜，里面还真有不少秘密。

◀ 雅致是这里的主题。数不清的18世纪贵妇人肖像，精致的家具看似随意而得体的摆放，仅是大幅金属光泽的丝质窗帘，就价格不菲。

▶ 古堡中帝国卧房的丝质床饰非常奢华，金色的帷幔如同瀑布般垂下，具有皇家气派。这间帝国卧房象征着法国1804～1814年的第一帝国时期，卧房的浴室是承袭了拿破仑的皇后约瑟芬宅邸的浴室风格，因为现任的德·科高莱伯爵夫人娘家是约瑟芬家族分支的后裔。

◀ 近年来丹尼斯和他的夫人重新装饰设计了城堡，以他们夫妇优雅的品位，把城堡变成一个更舒适奢华的住所。城堡一间名为“法兰西学院院士”的套房，每一个角度，每一件配饰都无可挑剔，不知身为“卡尼赛朋友圈”一员的著名法兰西学院院士让·雷米先生每次是否都住在这间特殊的套房中。

作为古堡的经营者，丹尼斯·德·柯高莱伯爵充满感情地回忆三十几年前，他的父亲决定要把古堡传给他们兄弟几个，而他的其中一个兄弟出家成为修道士，他的愿望是把卡尼赛变成一座修道院，丹尼斯坚决要挽救城堡，并取得了继承权。当时的法国古堡主人们通常把城堡开放成一个可以定期供人们参观的博物馆，但是丹尼斯觉得这个主意也不是非常有吸引力，他想把城堡变成一个充满生机，同时可以与朋友们分享的地方，“卡尼赛朋友

圈"这样诞生了，这个圈子有如18世纪的城堡沙龙，聚集着艺术家、音乐家、政客、作家、银行家等法国上流社会精英阶层。这圈文人雅士经常在周末来到卡尼赛，大家聚在炉火旁，举行各种晚宴，享受乡间的宁静和城堡特有的和谐气氛。由于丹尼斯伯爵担任法国及欧洲著名的历史建筑组织的副主席，他也常常在城堡举办这些组织的定期聚会和晚宴。即使在白雪皑皑的冬日，卡尼赛也并不缺乏热度，几场小型音乐会给冬日带来温暖甚至热烈的气氛！

20世纪90年代，由于互联网的使用，以及城堡所在的位置离"二战"期间美国盟军登陆地点非常近等优势，城堡也开放了精美的客房，接待了很多美国的游客。尤其是1994年纪念登陆50周年之际，每当旅游旺季，就会有大批美国游客涌来。如今城堡越来越成为访客们的大家庭。晚上七点多，所有互不相识的客人聚在18世纪的精美沙龙和音乐沙龙中，一边聊天，一边享受种类繁多的餐前酒和香槟，美国的小孩子们也有大瓶他们最爱的可口可乐。之后大家进入餐厅在长桌上一起进餐，享受城堡的大厨克里斯帝安烹制的美味佳肴。就算城堡中暂时没有其他的客人，你是一个人吃早饭或者午饭，克里斯帝安也会非常周到地为你服务，所有的美食按部就班地一道道摆在你的面前，让人仿佛觉得这是在自己的城堡中。如果你一个人信步园林和湖畔，城堡可爱的小狗"劳瑞"也会赶紧叫着冲出城堡，一路陪伴你漫步，走走停停，在前方不远处回头等你，仿佛自己养的小狗般贴心乖巧！不管之前人们是否相识，但是在卡尼赛共度一个美妙的夜晚或者几个悠闲的日子之后，肯定能成为很好的朋友。这里曾经有美国客人在访客的留言簿上找到了失散多年的老友，也有来访者发现卡尼赛就是几年前另一位朋友曾经提到过的城堡，这里也有很多很多奇妙的偶然不断地发生着，这正是卡尼赛的奇迹！

法兰西学院院士，法国当代著名作家，中法文化年法方主席让・雷米先生作为"卡尼赛朋友圈"的一员，是这样描述城堡的各种场

▶ 富多思套房装饰优雅，马鞍形的黄铜浴缸非常古雅。

景的："在过去的十几年中，我常常拜访卡尼赛，有时周末和几个朋友在这里度过，或者参加大型的晚宴。有时一个沙龙中人们正襟危坐地开研讨会，隔壁人们却悠闲地打着桥牌或者听着莫扎特，同时慢慢品尝着有年头的卡尔瓦多酒。我在这里看到过婚礼和受洗仪式，这里曾经举办过很多的婚礼，同时也有人们在这里坠入爱河。在这里，我听到

▲ 城堡的一个下午，一行人正悠闲地在领地中骑马。

◀ 城堡的工人在忙碌的工作着。

▶ 微风荡漾的湖泊上，一叶轻舟停靠在岸边，卡尼赛的宁静超然令人陶醉。

▼ 从波里亚克套房的浴室眺望湖泊。

过一个党派的部长和对立党派的前任部长和谐的交谈；我听到，在园中的小径上，金发还有黑发孩子们骑在小马上快乐的欢笑……”这段描述非常完美地展现了一种“卡尼赛”精神，一个城堡的灵魂正是一个家族的文化和精神所在。卡尼赛正是许多人心中的一片“世外桃源”，来过这里的人都不由自主地爱上它，再也无法将卡尼赛的纯净和谐从记忆中、从生命里抹去。

▶ 城堡的灵魂正是城堡家族的文化和精神所在。蓝天白云下的卡尼赛将继续传承这一份卡尼赛精神。

伊斯玛丽堡：多罗西娅永远的家园

多罗西娅·德·拉胡赛伯爵夫人的家伊斯玛丽城堡坐落在诺曼底省卡伦坦地区。这附近有美国盟军登陆后解放的首个城镇，圣玛丽教堂是一座不大的中世纪建筑，外形和其他法国小城镇的教堂没有什么区别，而不同的是教堂的尖顶上总是悬挂一片白色的降落伞，一年四季随风飘扬着，这就是当年盟军的伞兵降落的地点，因此这里成为诺曼底

◀ 骄阳下的伊斯玛丽堡是多罗西娅·德·拉胡赛伯爵夫人的家，城堡坐落在诺曼底省卡伦坦地区。

▲ 城堡南面的阳台和开阔的草坪，可供人们眺望诺曼底美丽的乡间。

第一座被解放的城镇！这个地区具有非常特殊的意义，一年四季也吸引大量全世界的游人前来参观。

十几年以前，多罗西娅的丈夫、艺术史学家，德·拉胡赛伯爵从他母亲那里继承了这座诺曼底省18世纪的新哥特式城堡，城堡原址的历史可以追溯到千年以前。当时城堡的内部非常陈旧，除了简单的现代化厨房和浴室设施被添加上以外，其他陈设几乎从18世纪以来就没有什么改变。家族成员将这里用于夏季的度假屋，在尚且能容忍的情况下，人们在这里住上一两个晚上足以，实在连基本的舒适都称不上。这里到处是剥落的墙纸，裸露的灯头上直接拧着一个电灯泡在天花板上吊着晃来晃去，也许不知在古堡什么角落还会看到一只死老鼠，如果把这座毫无生机的古堡彻底改变成一个舒适的居所，面临的困难和挑战是可想而知的！今天的伊斯玛丽堡被美国高端杂志“旅行和休闲”评选为世界最浪漫的50座乡间宅邸之一，被数不清的室内装饰和设计杂志报导。一切的转变正是和这位优雅贤静的伯爵夫人分不开的。十几年前，正值美国盟军登陆50周年纪念的1994年，大批美国游客即

▶　今天的新哥特式城堡建于18世纪，而城堡原址的历史可以追溯到千年前。

◀ 城堡沙龙的一角，落地长窗上悬挂的窗帘正是英国著名棉布品牌劳拉·阿什利赞助的面料，窗帘是多罗西娅亲手缝制。

▶ 典雅的灰黄底调的沙龙，敞开的大门通向饰以华丽金红色壁纸的门厅。灰黄相间的壁板上，普通的乳白色布条结成精美的蝴蝶结从墙壁上方垂下，固定着一幅幅18、19世纪家族成员的经典肖像油画。

▼ 从家具的配置到小饰物的摆放都是能干的女主人多罗西娅亲力亲为。精美的瓷器遍及沙龙的任何一角。

◀ 沙龙一角的钢琴和竖琴，墙壁上的肖像画映衬着家族近代成员的照片。

▼ 显著的地方摆放一张照片是多罗西娅和她的丈夫法国艺术史学家德·拉胡赛伯爵结婚时合影，美丽优雅的多罗西娅身旁是她气质经典的丈夫，两个人脸上洋溢着幸福令人为之动容，虽然德·拉胡赛伯爵已经去世，然而伊斯玛丽堡处处弥漫着往昔的回忆。

▲ 精美大沙龙一角，门厅的镜中映出对面墙上的油画，这里任何一个角度都风景无限。在沙龙的沙发上，一只小猫懒洋洋地蜷着。

▲ 昔日破旧的古堡，如今充斥着的优雅舒适，蔓延在长长的走廊中，淡淡的苹果绿和浅黄的走廊装饰着不少典雅的油画和印刷品，十分养眼。

将涌来诺曼底，伊斯玛丽城堡也被要求接纳一些美国游客。多罗西娅看着这座破旧的古堡，怀着连她自己都感到吃惊的勇气，决定马上行动起来，把古堡装饰一新！

金发碧眼身材高挑的伯爵夫人是荷兰人，曾经是一位律师，在巴黎的著名律师事务所任职，邂逅了英俊经典的法国艺术史学家德·拉胡赛伯爵。多罗西娅从少女时代就喜欢收集室内装饰杂志，拥有天生对室内设计的热忱和独到的审美，她的想法是沿袭18世纪晚期的装饰风格，没有什么能比这种风格更适合这座古堡了。1994年的早春二月，她们夫妇以及英国家族分支的表弟西蒙洛克就以最快的速度行动起来，因为他们的时间并不充裕，一切工程和装修配饰要在6月到来前结束！

在有限的资金投入下，多罗西娅与英国著名的棉布面料品牌劳拉·阿什利达成协

▲ 一间绿色为主调的卧房，连桌子上点缀的几只玻璃杯都是绿色的，多罗西娅深谙颜色的搭配技巧，连窗外的绿色也在不经意间被延伸到房间里，成为这里色彩深浅搭配最完美的一笔。

▶ 从巴黎的市场中买来的古典法式面料也被应用在房间的很多角落，墙壁的壁纸也是法国经典图案，而蓝色的法式面料瞬间使一把普通的路易十六风格扶手椅焕发光彩。

▶ 小巧的路易十六风格扶手椅可不是坐的，而是微缩尺寸的陈设，被巧妙地作为小饰物装饰楼梯的窗台。

议，由阿什利免费提供古堡装修所需的18和19世纪风格设计系列面料，同时装饰一新的城堡将作为阿什利面料品牌的经典案例共同宣传，这样一来，昂贵的面料部分的费用节省了。将大批面料加工制作窗帘以及床上装饰用品的工作也由多罗西娅亲自出马，多罗西娅坚信“如果一个人不是十分富有，那么她一定得很能干才行！”正是由于这种能吃苦耐劳坚韧的个性，昔日的女律师和伯爵夫人用她那双巧手不辞辛苦的制作了那么多样式精美的窗帘！对于自从18世纪以来，以前的历任家族成员没有对古堡进行什么装修的事实，多罗西娅不无遗憾地说，如果连往墙上钉个钉子都没有，什么都不做，后人们当然也无法继续享受古堡生活了。古堡生活如果没有奉献，那也就无法享受。在接下来的装修中，6个带有独立浴室的双人睡房成形了，宽大的房间，窗外就是成荫的树林；浴室的窗外也是开阔的草坪，可以望着远处的农田美景入浴。至于对面料的选择，多罗西娅充分考虑到古堡的房间都很高大，这样很容易有冷冰冰空荡荡的感觉，所以她选择了那些华丽厚重的窗帘和很多柔软的垫子，这样就给古堡带来温暖舒适的视觉效果。

在装修部分结束后，多罗西娅用敏锐

▼ 灰白相间的法式面料在暗红的墙壁衬托下，十分醒目，墙上的古堡铜板印和灰白的面料有异曲同工之效。

▶ 房间中央装饰以灰白色如意面料帷幔的大床给人很多安全感。

的审美眼光选择了一大批各具特色、价格公道的古董家具，城堡很快被装饰起来了！在完美的选择搭配色彩，巧妙运用劳拉·阿什利面料的基础上，城堡焕然一新，覆盖红色金色相间壁纸的门厅墙壁上悬挂着金边的大镜子，大沙龙灰黄相间的壁板上，普通的乳白色布条结成精美的蝴蝶结从墙壁上方垂下，固定着一幅幅18、19世纪家族成员的经典肖像油画，这些蝴蝶结非常柔美浪漫，也完美地折中了英国和法国的装饰艺术风格。精美的台灯、雕塑、蜡烛台、瓷器、小摆件给整个城堡带来更多精致优雅，现代的实用舒适也融入

◀ 这间蓝白色卧房肯定会带给一个浪漫的古堡夜晚，清晨床前这只经典而古旧的皮箱上也许将会摆着女主人送来的鲜花和早餐。

◀ 即使都是蓝色，在多罗西娅的巧妙搭配和精心设计下，也可以展现如此丰富的变化，完美蔓延在卧房的任何一角，连窗外的风景都和室内的装饰搭配得无可挑剔。

其中，任何一个角落都无可挑剔！

当盟军登陆50周年纪念日的那个夏天来临时，经过短短4个月的装修，伊斯玛丽城堡从过去的陈旧的古宅变成华丽的殿堂，室内设计与装饰艺术的典范，此时多罗西娅已经累的精疲力尽！从那之后，她辞去了巴黎的律师所工作，主要居住在伊斯玛丽，一心一意管理城堡。多罗西娅认为一座这样的古城堡，只有与别人分享的时候，才能感觉到那种浓厚的生活气息。城堡现在有8间色彩各不相同独一无二的睡房，主要的客人为那些从美国、英国和北欧来法国的游客，以及看到媒体的报导慕名而来的装饰艺术爱好者，城堡也举办过为数不多的几个小型的婚礼。在一边经营城堡的过程中，多罗西娅跑遍了整个诺曼底省的古董家具店和古董市场，四处收集精美的家具和艺术品，城堡的装饰一点一点不断完善。现在凡是到过城堡的人都为这里的完美精致的气氛所倾倒！

几年前，德·拉胡赛伯爵不幸因病去世，多罗西娅在丈夫去世后，美丽的面容中充满了忧伤，在家族表兄西蒙洛克的帮助下，现在多罗西娅仍然坚守着她的伊斯玛丽，她逐渐从忧伤中走出来，重新充满了动力，永远不知疲倦，出租客房，举办老爷车俱乐部的宴会以及各种活动，装修城堡的几个16、17世纪的附属建筑。作为一名职业女性和诺曼底地区城堡主人们中非常积极的一位，她联合包括卡尼赛堡在内附近几个城堡主人商讨这一地区城堡的总体宣传，市场推广方案，将现代商业运作融入古堡岁月。这里倾注了她那么多心血，也凝结着她对审美的优雅品位，这里有她作为荷兰人生活在法国多年来的回忆，对她的丈夫德·拉胡赛伯爵深深的思念和对法国古堡生活的热爱，伊斯玛丽是她永远的家园！

◀ 多罗西娅美丽的脸庞曾一度被忧郁占据，然而伊斯玛丽堡毕竟是她甜蜜的家园，正是她的兰馨惠质和巧手把曾经破旧的古堡变为一座装饰艺术的典范，入选全球最温馨的50座乡间宅邸之一。

美罗曼尼堡的早春

这个三月天是少有的好天气，阳光明媚的诺曼底乡间大片大片的金黄色油菜花田中，终于出现了那仿佛梦境中的“美罗曼尼堡”。在森林中央的一片空地上，这座古典雅致的建筑周身洋溢着静谧和谐的气氛，仿佛等待着我的到来。早在几年前，我就已经十分向往这座带有美丽的“果菜园”的城

▲ 早春的果菜园中一丛金黄色的水仙在绽放。

◀ 在诺曼底省一片森林的中央，美罗曼尼堡这座古典雅致的城堡周身洋溢着静谧和谐的气氛。

◀ 城堡的看守人房。早春的果园中只有金黄和白色的水仙，绽放满树的玉兰，郁金香正含苞欲放。

堡，据说这个古堡的“果菜园”出产丰盛，古堡家族一年三个季节的水果蔬菜、插摆的鲜花都是自给自足，这是一种多么理想的野趣田园生活！

还是早春，我迫不急待地在主人带领下进入果园，虽然大部分植物还没有发芽，但是已经有大丛大丛艳黄的水仙吐露芬芳了，庭院中的玉兰花也绽放了一整树，我可以想见一两个月后这里会是一派怎样的热闹景象。

18世纪的时候，法王路易十六手下有一位司法大臣美罗曼尼侯爵，他便是古堡的第一任主人。侯爵是一位心地仁厚的大臣，他在1780年宣布废除对囚犯实施极刑。他的政策从来都是深得人心，侯爵退休之后的日子中，一直住在美罗曼尼堡，他去世之后，很多附近的农民前去参加他的葬礼。之后过去了很多年，1850年8月5日，在古堡中诞生了一个不同寻常的婴孩，这就是历史上著名的世界短篇文学巨匠莫泊桑。小莫泊桑的父母是没落的贵族家庭，他们在小莫泊桑出生前一年租住在古堡中，他们一家一直在美罗曼尼堡住到莫泊桑三岁的时候，才迁往附近另外一个古堡居住。也许正是美罗曼尼堡美好和谐的环境孕育了一代文学巨匠的童年灵性和不同凡响的天分。莫泊桑的短篇小说侧重摹写人情世态，构思布局别具匠心，细节描写、人物语言和故事结尾均有独到之处。代表作《羊脂球》为他短篇小说中的珍品。

4个世纪以来，静静坐落着的美罗曼尼堡的正面——北面是路易十三建筑风格中的杰出代表，繁复的壁柱，人像面具和花瓶状的装饰点缀在古堡的建筑外墙上，和谐统一，给古堡建筑带来一丝古典宫廷的气息。古堡的两侧侧翼建筑承袭同一风格，但是在19世纪时建造的。城堡的南部建筑覆盖红色砖，风格简洁线条流畅，和城堡正面形成鲜明的对比。南面草坪非常宽广，一棵百年古松参天而立，它是美罗曼尼堡几个世纪以来最忠实的见证人。

城堡今天的主人罗玛黛夫妇，承袭了家族的美罗曼尼侯爵的头衔，忠实地默默地守护着城堡。我刚到达城堡的时候，正好赶上附

◀ 城堡南面草坪上矗立着百年古松，依旧十分挺拔。

▼ 静静坐落了已经4个世纪的美罗曼尼堡是城堡中简洁典雅的路易十三风格，建筑北侧外墙融入繁复的壁柱、人像面具和花瓶状的装饰点缀，和谐统一，给古堡带来一丝古典宫廷的气息。

◀ 城堡的楼梯非常典雅。

▼ 高大的底层石柱。

▶ 门厅一角的路易十六风格双人扶手椅。

▲ 家族的几代成员的照片。

▲ 城堡今天的主人罗玛黛夫妇，他们承袭了家族的美罗曼尼侯爵的头衔，忠实的默默的守护着城堡，城堡中他们昔日婚礼的照片。

近地区的“老爷车”俱乐部的一次聚会刚刚结束，城堡北面的空场上聚集了十几辆颜色各异的老爷车，在一大堆老爷车的主人们中，我看到热情迎上来的罗玛黛先生，这是一个非常朴实的中年男子，他握手时非常有力，他一边招待我，一边和我讲起这次老爷车聚会。他的古堡也经常成为附近地区的各种活动聚会的场所，罗玛黛夫人也在古堡中请专业的厨师举办定期的烹饪课，这样，古老的建筑也能增添些人气。

罗玛黛先生在距离古堡十几公里的卢昂市的雪铁龙汽车公司工作，然而管理古堡却是更为重要的责任和使命，很多事情也需要自己亲力亲为，非常辛苦！尤其那个著名的果菜园，收拾起来，每个周末时间都过得很快。每年几个月中古堡的几个主要沙龙客厅也向游人开放，这也是古堡作为法国国家历史建筑的一种责任。人们也可以参观美罗曼尼侯爵的书房和客厅，以及莫泊桑出生的房间，其中摆放一只小小的白色婴儿床。仿佛重现那历史的瞬间！

傍晚的时候，我和主人落座在小客厅，主人拿来一瓶上好的香槟，我们的话题又停留在古堡的历史和未来。罗玛黛先生说古堡的历史是如此辉煌，古堡的今日大家尽力在保护，然而古堡以后的命运真是前途未卜，他和夫人作为这一代城堡主人，只能尽力承担这个义务，将家族历史和古堡传承下去，但是如果几十年后，他进入垂暮之年，古堡的日常工作，还有果菜园子中的活无法承担了，他非常担心他的子女是不是会像他们夫妇一样继续延续古堡和家族历史，如果孩子们想离开古堡到大城市开始不同的生活，到那时古堡的命运只有被出售。他们附近的一所古堡命运正是这样。罗玛黛先生说到这时，语气和眼神都渐渐凝重了起来。这正是21世纪法国众多古堡的普遍命运，这些久经历史洗礼的满载人类文明、艺术、文化的珍宝，如果没有人愿意承担义务和保护它们的责任，这些古堡的命运就是不断衰败，被风雨侵蚀，逐渐成为废墟，倒塌，最后在地平线上消失，这是多么令人心痛的结局！每到一个古堡，这也是常常和古堡家族谈起的话题，就算大家闲聊别的，最后总能回到这

▲ 罗玛黛夫人在大厅中整理桌上的插花。

▶ 宽大的门厅凝结多少家族的往事和回忆。

◀ 城堡高大的餐厅和长桌，奢华优雅。

▶ 红色的小厅再现了著名的世界短篇文学巨匠莫泊桑出生的场景。小莫泊桑的父母是没落的贵族家庭，他们在小莫泊桑出生前一年租住在美罗曼尼堡中，直到到莫泊桑三岁。也许正是这里孕育和滋养了莫泊桑的灵性。

▲ 精美的窗帘和装饰穗。

◄ 昔日的典雅沙龙如今成为游客参观的场所。

▶ 主人特地到园中采来大束水仙，插摆在房间中，幽香阵阵，给这早春的一日带来不少愉悦。

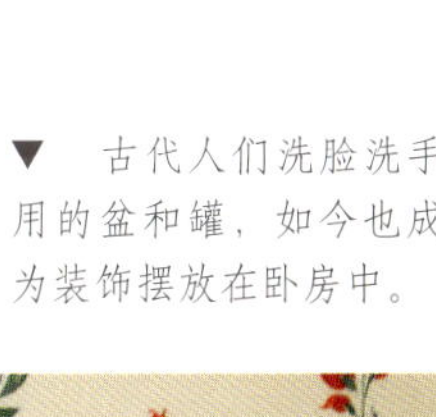

▼ 古代人们洗脸洗手用的盆和罐，如今也成为装饰摆放在卧房中。

个最至关重要的问题上来。

今日的古堡人已经不再像在18世纪的时候，奴仆成群威风凛凛；现在的古堡主人倒更像是古堡的仆人，在肩上沉重的历史责任和现代社会中寻找一根平衡木，穿梭于他们每日的日常工作和永远没有尽头的古堡工作之间。我每每看到这时，总是心中难以平静，对这些古堡家族和古堡人充满敬意，为他们的默默奉献感动！

▲ 老爷车俱乐部在美罗曼尼堡中定期聚会，一下子在城堡前停上十几辆色彩各异的老爷车，给古老的城堡带来活力。

◀ 碧绿宽广的南草坪一望无际。

精美的“珠宝匣”

古昂斯堡：
潺潺不息的水园

来到古昂斯，仿佛置身于一片绿色的海洋中。那些深浅不同的绿色，是几百年的高大梧桐的自由驰骋的枝丫和浓浓的林荫，是绵延无尽头的柔柔的青草，是那些平静如秋月般的形态各异池塘中泛起的幽幽的涟漪。森林中发出“咄咄咄”声音的是啄木鸟，池塘边一只顶着巨大园壳的蜗牛在缓慢地爬行，草地上的一些小土堆一定是捣乱的鼹鼠的杰作，池塘中一群群肥大的黑鱼自在的游来游去，仿佛一点也不担心它们有一天会成为桌上的佳肴，因为它们也是古昂斯的主人。在微风中的草地上摇曳的是白色的雏

▲ 占地1公顷的大镜池，源自18世纪中期，和20世纪初添加的杜先恩风格的黄杨矮树花坛；“古昂斯”这个词喻意是流动的水；这里有14个喷泉，17个人工池塘。现存的文艺复兴风格园林的杰出代表，园林历史达5个世纪。

◀ 从太子池塘眺望砖石结构的路易十三风格城堡。

◀ 园中著名的浴女雕塑，原作已于2006年为卢浮宫收藏，此雕塑来自皇家马利花园。

▶ 在大镜池四周的雕塑，布局错落有致，为了消除整个绿色模糊的边际效果，并且加强宽度的视觉效果。

菊，金黄的蒲公英和紫色的铃兰，参天笔直的白皮松脚下落了一地松果，正在花季的板栗树粉红的花瓣飘落在小径两旁，城堡护城河围栏上绽放的是粉红和浅黄的芬芳的玫瑰……人们不得不惊叹这样经典浪漫的水园，坐落在仅离巴黎不到一个小时车距的森林边缘。

在巴黎以南枫丹白露森林旁边，坐落着古昂斯城堡，它的路易十三风格建筑和水园是法国众城堡的经典极品，并被列为法国国家历史建筑。古昂斯的园林湖泊既经典，又浪漫，历史气息浓厚又具有强烈的现代感，使人感觉既宏伟大气，又十分亲切。古昂斯占地75公顷，14个喷泉从地面涌出，变化成17个湖泊和池塘。

文艺复兴风格的水园出现在法国16世纪

▲ 池塘两侧守卫的石狮子，这个池塘是园林中惟一不平的池塘，呈阶梯状分布，是意大利园林的特点。古昂斯的树木都不修剪，任其自然生长，如帘般低垂，被喻为全法国惟一既经典又具有浪漫特色的园林。

▶ 太子池塘是古昂斯18世纪的主人哈博男爵雇用当时著名设计师在1872年修复古堡的时候设计建造的。

◀ 太子池塘中心的雕塑。

▶ 进入古昂斯的大门，必经这条“贵宾”路，两旁镶嵌两个狭长水池，池畔的梧桐树已经生长了3个世纪！

中，是在受到意大利的文艺复兴的文化艺术影响下产生的，介于中世纪花园和经典法国园林之间的年代。正是这里启发了一个世纪以后成为法国经典园林大师的勒诺特，使他的设计风格呈现工整的几何形和放射状。古昂斯的水园常常被外界盛传为是勒诺特的设计，其实勒诺特完全没有设计古昂斯，而是从古昂斯的水园中学习并且发展了他自己的设计风格。不管怎样，在将古昂斯和勒诺特混淆并谈的时候，这个失误也可以被认为来自人们对古昂斯的水园是法国顶级的园林设计的认同，而在这之后整整过了一个世纪，才产生了法国最伟大的园林大师勒诺特。

真正造就今日展现在人们眼前的经典风格园林是在20世纪初期的园林设计师亨利和安杰·杜先恩父子。在城堡的西部庭院左右两侧的矮树花坛种植于1908年，正是杜先恩设计的代表作。城堡的历任主人都给城堡带来那个年代的时尚与审美，并保持着城堡的完整性。19世纪的日本艺术风格和印象主义风格也强烈的影响着庭院的地貌。1914年以前，当时城堡的女主人波特·德·加内夫人在庭院中造了一个非常精致的花园，其中错落有致地点缀以人工小岛，很多不同的植物种类以及非常现代简洁的小桥，融合了英国和日本花园的特点，仿佛古昂斯堡的一幅完美的画卷，或许更像是一个梦幻仙境。现任古昂斯的主人让－路易·德·加内老侯爵非常崇尚英式园林的自然风格，反对太过人工的匠气，如同很多法国的古典建筑的庭院和主要街道将树木剪成非常工整的形状。他坚持园林自然的风貌完全得以展现，并简化水园，原来的草坪和森林中间有很多小径，放射的延伸向森林远处，老侯爵作了一个大胆的改动，就是用绿草把这些人工的小径覆盖上，使得整个古昂斯的水园被无边无际的绿色覆盖，整体感觉洋溢着现代派园林的气息，草地的绿色和池塘的绿色融为一体，醒目的是点缀其间的草坪和森林交接的一排排白色大理石雕塑，和池塘中间或者旁边的大理石雕塑。任意生长的百年古树枝丫低垂，枝丫的姿态仿佛一个个杰出的艺术品，给水园的绿色带来丰富的内涵和无限浪漫主义色彩。

◀ 英日风格的花园是今日城堡主人侯爵的祖母在第一次世界大战前设计。线条简洁的小桥，仿佛令人想起日本的寺庙。如同云彩形状的灌木。

▲ 在一片单一的绿色园林中，这里的树木，春天的花朵和落叶所展现的色彩，如同一幅完美的现代派油画。17世纪的花园小屋，今天成为访客们观赏之余小憩片刻饮茶之地，非常实用。

古昂斯城堡是17世纪由巴黎的富商加亚在一个防御城堡的遗址上建造的，这个建筑由砖和石头构成，经历了18世纪的繁荣时期之后，城堡的主人是尼可莱家族，也是法国的一个历史悠久的古老贵族家庭， 在法国大革命到来的时候，这个家族的财产被迫充公，然而一段时间之后，这些财产又被归还给尼可莱家族。1830年7月尼可莱家族离开了法国，城堡从此有四十几年的时间没有人居住。在19世纪第三帝国开始的时候，一位犹太血统的富有的德国银行家哈博男爵买下了古昂斯，他在巴黎有一座漂亮的宅邸，由于想在巴黎附近邀请朋友们狩猎（那个年代的贵族运动），他看上了古昂斯的园林，购买了城堡，准确地说是一座废弃的建筑，那摇摇欲坠的建筑看上去真让人辛酸，一颗大树居然从今日餐厅的土地中长了出来，而水园更像是一大片沼泽地！

哈博男爵这时从犹太教改信了天主教，加入了法国国籍，为他晋身法国上流社会作出了很多必要的改变，其中也包括聘请了那个时代最著名的建筑师岱斯台勒为他修复古堡。当时的古堡旧建筑是路易十三样式，外墙由大块的石头和砖构成，然而美中不足的是外

▲ 19世纪当哈博男爵购买下古昂斯城堡，40年来都无人居住，几乎是一座废弃宅邸，路易十三风格的建筑也不是今天的样貌。

▶ 无论从哪个角度看，园林的绿地都是一片整体。今日城堡的主人让-路易·德·加内侯爵推崇极简主义风格，他将本来园林中的小径用同样绿草覆盖，这样就碧草连天了。为了保持园林的美丽，多少人付出了辛勤的劳动。

▲ 古堡中洋溢着浓郁的家庭氛围，毕竟这里仍然为私家拥有。历代古堡主人和他们的父辈合影，钢琴上都是古昂斯以往著名的客人。

▶ 古董卧榻是著名的蓬巴杜夫人的兄长的家具。游蛇徽章图案壁毯悬挂在沙发上方，这是著名的17世纪壁毯大师萨渥尼特为了法皇路易十四的大臣高尔贝制作的。

墙的砖石是通体白色，并不是白石配红砖的典型路易十三样式，于是建筑师岱斯台勒用暗红色的砖头将原本白色的墙体部分覆盖上，这样这座古堡的路易十三的样式更加地道了。由于他们当时所用的红色砖头不是新的，而是旧的红砖，这样巧妙的添加使古堡的红色外墙部分看上去已经存在了几个世纪，而不会有感觉是在19世纪“新”添加上去的，这就是关于古昂斯堡建筑的“两层路易十三样式”的由来。德·加内家族通过联姻成为古昂斯的主人。不管是哈博男爵还是德加内侯爵，后来的主人们怀着对古昂斯的珍视，修复的耐心和毅力，德·加内家族的成员付出了很多的辛苦和努力，到了1925年城堡基本恢复了迷人的外观，也开始向公众开放。

在“二战”中，城堡再一次遭到了厄运，城堡被德军占领，损害得很严重。我们的老侯爵让 - 路易·德·加内那时是一个英俊如同美国老牌明星兰卡斯特的二十四岁的小伙子，他参加了对德军的游击抵抗，并在德军撤离之后回到城堡，开始了重建工作，他的毕生都住在城堡中，一点一点修复古昂斯，他总是精力充沛，充满创意，永远不会枯竭！他在古堡中修新的车道，种植树木，铺种新的草坪，改建新的大露台，可以说是城堡今日魅力的主要贡献者之一。他的夫人菲利嫔侯爵夫人在古堡家居装饰上下了很多功夫，她从意大利买来60米特制的红色锦缎以及机织割绒地毯。她还购买很多素描、铜版印刷品以及椭圆形的艺术品装饰古堡，和其他很多木制，象牙以及贝壳类装饰品。菲利嫔侯爵夫人还是一位热情好客的古堡女主人，她总是烹制简单的乡村美食招待各国客人，比如白葡萄酒浸泡的罐焖牛肉、洋白菜包肉馅、羊肉杂烩等等，而之后的甜品不用说都是来自古堡的花园，覆盆子浆果、桃子、苹果等等都是古堡花园土生土长的。

瓦伦汀·德·加内是老侯爵四个女儿中最小的女儿，她和她的三个姐姐们以及她们的孩子们一起住在古昂斯，她掌管着古昂斯的公众事务，在古堡或者水园中组织活动等等事务，也常常在巴黎和古昂斯穿行。她留着短短的头发，带有男孩子般的帅气，穿着简洁利索的居家衣服，开着古堡内部使用的电屏车在花园中，不一会儿就

◀ 台球沙龙中供女士玩牌的桌子。

▶ 大理石沙龙中家具精美。

载着满满的一篮子鲜花回来了，这些鲜花是她要带回巴黎的家插摆装饰用的。城堡的生活真是自给自足！如果你以为瓦伦汀是一位含着金钥匙出生在贵族之家的娇生惯养的大小姐，那可错了，她的爱好是马戏！她可以作让你目瞪口呆的高难度动作，在城堡护城河的对面一棵大树上，一根粗粗的大绳子仿佛秋千悬挂在高高的地方，这就是瓦伦汀每天早上练功的所在，这棵大树具有整个领地中惟一平行于地面的树干，才够资格给我们女侯爵挂秋千。瓦伦汀是一位极简主义者，她的卧房仿佛在一间乡间用稻草搭建的帐篷，她对于古堡的传承等问题也有自己独特的见解，“如果不能真正享受城堡生活，把城堡生活作为沉重的负担的话，那还不如卖掉，随便买个小点的房子享受生活！”这是她对于那些担负着城堡负担家庭的建议，帅直简单正是她个性的写照。

瓦伦汀说起她的父亲老侯爵毕生对古昂斯的贡献和热爱“他自己承认古昂斯城堡在他的心中的位居第二，仅次于我们的母亲菲利嫔侯爵夫人，但是排在我们几个姐妹之前！”菲利嫔侯爵夫人充满感情的在她的古昂斯前言中写到“古堡岁月，这四个字今天能否仍然唤起人们的梦想？现在居住在城堡中和我儿时的城堡生活已经相去甚远了，我的童年在我父母的城堡中，过着极为严格规律的生活，就像一只闹钟。学习，写家庭作

◀ 德·加内家族的五兄弟，这幅油画出自画中一人之子，当代艺术家赛巴斯千·德·加内，今日的城堡主人让-路易·德·加内侯爵是画中坐在椅子上的。他非常年轻时，参加抵抗德军的战斗，身着戎装，英俊如同三四十年代好莱坞明星伯特·兰卡斯特。

▶ 城堡二层的阳台面向大镜池，坐在这里小憩片刻，不禁陶醉在这片美景中。

◀ 瓦伦汀房间的一角，台灯发掘自跳蚤市场。

▶ 餐厅中间悬挂的油画是18世纪巴黎的蔬菜市场的场景。餐厅一角布置精美的餐桌，精美的壁板和壁饰是荷兰风格。

▶ “猴子”画廊中,精美的17世纪晚期丝质壁毯源于葡萄牙。著名的猴子模仿人类风俗的讽刺绘画壁毯。

业，跟随英国马术教练在固定的钟点骑马。长大结婚后，我嫁到古昂斯来，所有的一切都是如此完美，也许太过完美。等我和丈夫继承城堡后，我们作了一系列的使古堡‘现代化’的改变，我们常常在周末到英格兰去打猎和拜访一些经典的园林，我们因此领略到了英式园林的自然魅力。”菲利嫔侯爵夫人多年来一直致力于将古昂斯变成一个更为舒适的居所，对于优雅和经典，她的母亲菲利嫔侯爵夫人是这样教育她的女儿们：“世界上不存在真正的‘好品位’，只有我们每个人不同的‘品位’，别人也可以认同或者

◀ 今日城堡的女主人菲利嫔侯爵夫人的母亲和叔父都是非常著名的园艺大师，家庭熏陶使然，她很容易就找到使围栏更加柔和的巧妙方法。在远处，5只鹅正在悠悠踱步，它们早已安居古昂斯。瓦伦汀从园中采摘花果归来。

▲ 瓦伦汀练习马戏的秋千系在整个园中惟一水平的枝干上。

▶ 在灌木丛中坐落着一处16世纪晚期的水榭，现在正在重新修复。

欣赏就可以了！”在古昂斯传统意义的“好品位”已经被个性化的品位取而代之，这句话仿佛在古昂斯水园那些枝丫随意驰骋的树林中回响，正是由于德·加内家族的解脱一切形式束缚的精神和追求浪漫的品质，才保持了古昂斯水园的浪漫迷人，在这75公顷的无边无际的绿色中，一个家族的精神和不懈的追求是一切迷人美景的灵魂。

▲　古昂斯在水中的美丽倒影，使大镜池不枉此名。

◀　三座砖石结构的小亭子忠实地守护着城堡的大门。

阿胡埃堡：
公主城堡里的一日

巴黎到南希市的TGV快速火车刚刚通两个星期，我就收到了来自米尼·德·柏渥－克莱翁公主的邀请，前往拜访她在南希市区西南30公里的城堡——阿胡埃。本来几个小时的车距现在只用短短的一个半小时，望着车窗外大片大片的农田和树林被飞驰的火车抛在身后，洛林省的地貌更为显著了，这里是法国通往德国的边境省，笔直高耸的青松林更像是德国的风光。在历史上，洛林省1766年划入法国版图，但是普法战争后割让给德国，第一次

◀ 阿胡埃城堡坐落在法国东部的洛林省，一场洛林的大雨即将来临，在滚滚的乌云下，城堡尊贵威严有如一座真正的宫殿。

▲ 城堡四面环绕护城河，一座镶有四座石雕的桥将城堡入口和庭院连接起来，石雕出自18世纪洛林雕塑风格代表大师奎巴尔之手。

◀ 从石桥望向高大的城堡，正面顶部赫然雕刻着柏渥−克莱翁王室的盾牌徽章。

▼ 阿胡埃堡坐落在阿胡埃小村的中心，紧邻小教堂，从城堡的阳台上望教堂的尖顶。

▶ 城堡左边庭院中几株梓树是意大利的米尼王妃亲手栽种，王妃去世多年，如今已经绿树成荫，繁花似锦。绿草地中央点缀著白色的石雕。

世界大战后重新归还法国。

看到了阿胡埃这个小村子的标志，城堡的高大的尖顶在绿树的掩映中越来越近，在村子的中心教堂附近，城堡宏伟的大门就出现在眼前了。在斜风细雨中，高大坚实的铁栏大门后的城堡威严尊贵的气势丝毫不减，处处透出与众不同的皇家气派。如果说这里是一个真正的宫殿，一点也不为过，这里的主人正是法国古老的柏渥-克莱翁王室第八代传人米尼公主，公主和她的孩子们常年穿梭于他们在伦敦的家和洛林省阿胡埃城堡之间。

一位和蔼可亲的夫人前来为我们打开大铁门，她说米尼公主正在沙龙等候。走过鹅卵石铺成的庭院，一座镶有四座雕塑的石桥，城堡的两侧两排巨大圆形廊柱构成两个长廊，穿过长廊进入了一道小门，来到一个私人会客沙龙，米尼公主迎上来和我们打招呼，她年约50，衣着随意，手里拿着手机和一长串的钥匙在城堡宽大的长廊、楼梯和沙龙走来走去。米尼公主刚刚去过中国旅行，并且参加了在北京的拉菲特城堡举办

的城堡艺术展，对这次旅行，她仍然津津乐道，和我提起北京的趣事和对中国的喜爱。

我们沿着长长的走廊，进入城堡正中的门厅和沙龙，在米尼公主的介绍下，阿胡埃城堡的历史一幕一幕重现在我们眼前。文艺复兴时期，在阿胡埃地区一座中世纪废弃的防御工事基础上，一座更美丽壮观的城堡建造起来。1720年，洛林公爵里奥伯说服了他儿时的朋友马克·德·柏渥-克莱翁王子购买了阿胡埃领地。在著名建筑师鲍方的帮助下，城堡得以重建。新的城堡保留了中世纪

▲ 城堡的平台面对开阔的法式花园，排列整齐的树雕延伸到花园的尽头，18世纪的雕塑点缀着花园任何一个角落。

◀ 花园尽头两具对称而卧的人面狮身雕塑，仿佛两扇大门，分隔开远处的农田和城堡的私人领地。

▶ 隔窗而望细雨朦朦的平台和法式花园，仿佛一副略带忧郁的风景画。

◀ 宽大门厅打开的门露出楼梯的勾花铁栏杆，这出自洛林省著名的铁艺匠人拉穆尔之手。铁栏杆扶手有两个大大的字母C对称排列中部勾在一起，那是克莱翁王子的花押字标志。

▼ 随着厚实宽大的石阶拾阶而上，迎面而来的是一幅18世纪的肖像。

▶ 战争大厅中的壁毯是17世纪大师高布兰的杰作，题为“亚历山大的历史”，由法王路易十四赠送给洛林公爵，一直陈列在城堡内，自17世纪以来一直保持鲜艳的色泽。

▼ 宽大的门厅里，印有柏渥·克莱翁王子徽章的一乘轻便小轿在此已经几个世纪了，仿佛在此静静等待某位公主或是王妃的出行。城堡两顶轿子中的另外一顶被公主送到了北京，在北京拉菲特城堡“城堡艺术展”中展出。

防御工事的四角圆塔的原形，连接这四角的圆塔的其余部分城堡主体更为现代，毕竟时光已经流转到了建筑风格繁荣发展的18世纪，中世纪的一切不可能原样照搬，新城堡展现出古典的贵族简洁气派，无论是城堡正面两侧圆形廊柱排列构成的两条长廊，还是砾石墙面和弓形窗，鲍方的独具匠心在这里无处不在。马克·德·柏渥王子和他漂亮迷人的王妃，出身于洛林省古老的骑士家族的德·林尼维尔，一位文学艺术的倡导者，将18世纪优雅的装饰风格融入了城堡。

◄ 城堡二层的大厅中陈列的均为王室家具，是今日众多私家古堡中罕见的王室收藏。家具样式为拿破仑时期风格。

▶　二层大厅精美绝伦的水晶吊灯，远处是洛林省绵延的农田和山峦。

▲ 蓝色台球沙龙，蓝色的座椅。墙壁悬挂法皇路易十八的肖像，以及卡拉公爵夫人和她两个子女的肖像，均为肖像大师弗朗索瓦·杰拉尔德之作。其中的少女后来成为柏渥-克莱翁王妃，从啤酒商手中成功地挽救了城堡。

▲ 与台球沙龙相隔一墙的皇室沙龙。

阿胡埃城堡是一座巨大的宫殿，拥有近90个房间，光城堡的房顶就有1公顷的面积。窗户的数量等同于一年的365天，壁炉的数量等同于一年的52个星期，而建筑四角的4座圆形塔楼则代表一年的四季。城堡正面的石桥装饰四组儿童形态群雕，背面连接法式花园的吊桥两旁也有两组同样风格的群雕，这些石雕均出自18世纪洛林雕塑风格代表大师奎巴尔之手。南希市中心的斯坦尼斯拉斯广场也有他的几组最著名的雕塑。城堡正面二层阳台上和城堡中随处可见的黑铁勾花栏杆，设计典雅高贵，工艺精湛，这些都出自洛林省另外一位著名的铁艺匠人拉穆尔之手。城堡内部楼梯旁的铁栏杆扶手设计有两个大大的字母C对称排列，中部一丝不苟地勾在一起，那是克莱翁王子的花押字标志。在进入门厅的右手边第二间大厅为德·林尼维尔王妃卧房，华丽的粉红色丝质刺绣制成的宝盖固定在墙壁上，华丽的床幔和床帷均为同样质地。 如今这些丝质刺绣虽然已经有些破旧斑驳了，仍能看出昔日的气派和华贵，不难想见18世纪的时候德·林尼维尔王妃财富颇丰。大床旁边悬挂的肖像为洛林公爵里奥伯。

从这间沙龙接着向西走，经过一个狭小的走廊，进入了一间高大带有拱顶的圆形沙龙，这是城堡四角其中一座被称为皮勒蒙的塔楼。沙龙高大的立窗面对城堡的法式花园，向外望去就是城堡通往花园的吊桥和雕塑。沙龙浅蓝色的墙面上满是精美的东方风格壁画，身着古代中国服饰的各种人物有的站立，有的坐卧，形态各异，栩栩如生，繁茂的花枝在墙壁上绽放开来，各种飞鸟、蝴蝶、孔雀的图案点缀在四周，每幅壁画的边缘留有白色的花边，连沙龙的门上都绘有中国的亭台楼阁。在沙龙拱形顶棚的弧度出现的地方和门的上方，金色的洛可可风格扇贝，伸展的花枝装饰从墙壁中浮凸出来，圆形沙龙的墙壁上间隔安装着一些路易十五风格柜格，上面也摆放着中国古代的人物花鸟工艺品。让人不得不惊叹在洛林省怎么会有如此与众不同充满古代东方情调的沙龙？！米尼公主介绍说，这里墙壁上的彩绘是一位18世纪著名东方风格绘画大师皮勒蒙之作，陪衬家族前任王妃收藏的东

▲ 赫伯特沙龙四壁装饰精美的彩绘，金碧辉煌（赫伯特为肖像画大师）。

▶ 城堡另外一间较为朴素的沙龙，黑白铜版印刷画带来质朴的优雅。

◄▼ 德·林尼维尔王妃卧房，华丽的粉红色丝质刺绣制成的宝盖，床幔和床帷。旁边悬挂的肖像为洛林公爵里奥伯。

方瓷器。这间塔楼中的圆厅被命名为“中国沙龙”，是因为18世纪的时候，欧洲的人们对遥远而富庶的中国和东方充满着幻想与憧憬，优雅细腻的东方装饰艺术因此风靡一时，通过这些古代中国的彩绘图案和装饰品，人们希望构建一个心中遥远的“中国梦”。中国沙龙有如一间中国亭子，完美地展现在法国的古堡中，在历史上曾经作为林尼维尔王妃的音乐沙龙。米尼公主一边在中国沙龙中精心布置摆放午餐的餐具，一边和我分享她的古堡岁月，娓娓道来她的家族，她的祖辈的故事和她的生活。

1849年，第四代柏渥-克莱翁王子查理继承了阿胡埃城堡。查理王子热衷于艺术与收藏，他决定对城堡西南部分的房间做些新的装修和装饰。装饰艺术大师赫伯特1858年来到城堡，开始负责装修工作。以赫伯特命名的沙龙金碧辉煌，细木壁板以及门上的金色背景中阿拉伯式的图案和花纹反映出第二帝国的时期的艺术风尚。缪斯女神像被绘在中间最显眼的位置上，其他神像各自有不同的寓意，赫伯特也是肖像绘画大师，他通过这组惟妙惟肖的女神彩绘表达了他对柏渥-克莱翁王室所有女性的敬意。

1864年查理王子的去世使一切装修装饰工作不得不停止下来，因为继承城堡的查理王子的长子居然即刻将城堡分割卖给一位啤酒商，这位啤酒商马上考虑将当年鲍方设计的温室花园用来作为晾干啤酒花的作坊，因为这个决定，鲍方的设计马上就要在啤酒工业生产中变为废墟。深深有感于城堡的命运坎坷，查理王子的弟妹重新在1866年将城堡从啤酒商的手中买了回来。这位仁慈的王妃不仅拯救了城堡，而且还幸运地继承了她母亲卡拉公爵夫人手中的一批王室家具。卡拉公爵夫人年轻时在宫廷贵妇中优雅高贵，出类拔萃，曾经得到国王路易十八的垂青，国王将巴黎附近的圣图安城堡送给她作礼物，并大肆装饰装修，其中不乏高品质的王室家具。这些王室家具由王妃继承后一直陈列在阿胡埃堡，成为城堡尊贵与特权不可分割的一部分。

1880年，阿胡埃没有直接的传人，从啤酒商手中买回城堡的

▲ 二层的一个红色沙龙中，不同颜色的雕塑排列成行。
▲ 中式沙龙旁边的一间小屋，是18世纪的洗手间。

◀ 位于城堡一角圆塔中的中国沙龙，东方人物花鸟壁画为18世纪著名东方风格绘画大师皮勒蒙之作，还陈列不少古代中国的艺术装饰品。

王妃在生命弥留之际，将城堡传给她的侄孙，年仅6岁的小查理-路易，正是今日米尼公主的祖父，城堡在今后的四十年中，一直处于半休眠期。由于一次世界大战的影响，查理-路易直到1920年，四十岁时才结婚，查理-路易的未婚妻，一位迷人的意大利女郎米尼-格里高尼来到阿胡埃城堡。王子夫妇当时有两个选择：巴黎附近的一座城堡和洛林省的阿胡埃堡。也许出于对阿胡埃堡的一见倾心，她毫不犹豫选择了这里，在城堡空了近四十年后，拯救了阿胡埃堡。婚

▶ 皮勒蒙圆塔中的中国沙龙镜中折射出法式花园的白色雕塑，东方与西方的元素在这里完美地结合在一起。

◀ 米尼公主在中国沙龙中布置餐桌，餐台上摆放银制的小鹿等动物装饰品。米尼公主在城堡的每一天都要处理无数日常维修事务，有时也使她精疲力尽，但是公主却热爱这些工作，毕竟这里是她童年以及成长的地方。

后，米尼-格里高尼王妃和她的丈夫对城堡进行了彻底的改造和装饰。从巴黎购进了很多18世纪的家具。他们夫妇将阿胡埃堡变得更加完美了。米尼王妃曾经这样写道："已经有二十年了，我离开意大利，居住在法国。洛林让我再次复活，正是这里使我的生命找到了存在的真意"。

1942年米尼公主的父亲马克王子继承城堡时只有二十一岁，他终生都居住在城堡中，和附近村子里曾经一起参加"二战"的老战友们在城堡聚会，"二战"结束后，

▶ 中国沙龙中布置精美的餐桌，米尼公主在这里和我分享她古堡岁月的点点滴滴。

▲ 所有家族成员的照片陈列在这间四壁红色的沙龙中。

他一直担任这一地区的行政长官和当地城市的市长，是一位为人谦逊，受人尊敬的长者。他终生都近乎固执的修缮城堡，坚持不懈。米尼公主在父亲去世后继承了城堡，当时年仅28岁。城堡自从1964年以来定期供人参观，如果有可能，米尼公主都会亲自带领来访者参观城堡，有时来参观的孩子们提的问题非常严肃。 在国家历史建筑组织的帮助下，公主在城堡的法式花园中，摆放“四季”雕塑，给花园带来不少亮点。正如祖母、意大利的米尼王妃一样充满责任感，米尼公主将修缮改进阿胡埃堡视为终身的己任！

除了城堡南面坐落着的经典法式花园，城堡的东面还有米尼公主亲自种植的一片英式花园，午后在细雨中和公主信步花园，听着她的述说，看着她种下的一草一木，公主对城堡那份至深的感情溢于言表。与英式花园相隔不远的另一片庭院中，一片梓树花朵正在盛放，那是意大利的米尼王妃生前栽种的。城堡的每代主人都用自己的毕生为城堡奉献着，前人栽树，后人乘凉，在这片枝繁叶茂的梓树下，米尼公主深情的回忆她祖母的关怀。继承城堡后的二十几年里，在阿胡埃的每一天，米尼公主长长的工作日程表上有修缮沙龙，维修石头桥和城堡外墙，更换窗户，修剪法式及英式花园等没完没了的工作，这些城堡的日常维护从来也不曾停止，有时真是让人精疲力尽，但是公主却由衷地热爱这些工作，这里毕竟是她童年以及成长的地方，她父辈祖辈们的家。城堡的任何一项施工、展览、参观等项目都由米尼公主亲自审核，以确保任何选择都正确无误。城堡的一处半地下室，正好是艺术画廊理想的场所，现在正在展览的是法国文学巨匠雨果的重孙女玛丽 · 雨果的天然植物艺术以及

◀ 米尼公主和她的两个孩子维多利亚和塞巴斯蒂安也生活在伦敦。

▲ 来自意大利的年轻女子米尼-格里高尼嫁给比她年长二十岁的丈夫查理-路易·德·柏渥-克莱翁王子，婚后，她爱上了阿胡埃城堡，与她的王子毕生生活在这座洛林省的宫殿里。

◀ 正中的肖像绘画正是优雅迷人的米尼-格里高尼王妃。

◀ 城堡四角的四个圆形塔楼分别代表一年四季，斑驳的外墙历经沧桑，护城河上一座小桥将壕沟外沿以及城堡建筑本身的一大一小两个方形连在一起。

▶ 法式花园中的雕塑。

▶ 城堡另一侧的英式花园是米尼公主青年时期亲自建造的，说起这里一草一木她都充满感情。

极简主义抽象水磨画作。在城堡的另一间沙龙中，与著名的萨里葛明陶瓷博物馆共同组织的18世纪珍藏瓷器展正在紧锣密鼓地布置，即将拉开帷幕。除了这些展览，描写文豪伏尔泰的情人，再现18世纪历史的电影“神奇的艾米丽”也是在阿胡埃城堡中拍摄的，这部大片将于2007年秋季在法国电视三台上映。米尼公主也定期举办贵族名流的GALA晚宴，18世纪王公贵族盛宴今日仍在城堡中延续再现。法国各大媒体对于阿胡埃城堡有很多不同侧面的报导，米尼公主对法国“观点”杂志是这样说的，“对于我的两个孩子来说，阿胡埃城堡将是他们生命中最重要的责任；也是我人生的意义所在和生命中深深的情结！”

▶ 护城河水被风儿吹皱，微波荡漾，公主王子的童话还在阿胡埃城堡继续着。

▼ 小路的尽头，阿胡埃城堡巍峨耸立。

百绿堡：童话的乐园

百绿堡坐落在法国西部海边的不列塔尼省圣米歇尔山附近，进入古堡，如同进入一片真正的乐土。“百绿”虽然是古堡法文名称发音的翻译，然而最贴切地反映了古堡的特色。这里有成百上千的绿色植物，花草和树木，就算是同样的绿树，形态也千奇百

◀ 百绿堡有成百上千的绿色植物，花草和树木，就算是同样的绿树，形态也千奇百怪，各不相同。

▲ 百绿堡是在17世纪的时候在一个中世纪防御工事的原址上建造的，这座城堡的主体材料为花岗石。

◀ 城堡一面的平台花园，精心修剪的绿树在这里成为建筑的延伸部分，成为阳台白色桌椅绝妙的背景，构成城堡建筑一端分隔花园的围墙。

▶ 从城堡的窗户向外望去就是平台花园，树雕正是法国和意大利17世纪花园的风格，使园林充满趣味。

怪，各不相同，世界上没有任何地方像这里般如此精彩别致的呈现绿色。

进入城堡绿色柏树拱顶的大门后，对百绿堡的第一印象竟是那扑鼻而来的异香。香气是一棵非常古老的“莱姆”树开的花发出的，据说这种树越老越香。古堡建筑朴素高雅，灰色房顶，土色石头墙壁，白色的格子落地长窗。在建筑前一左一右坐落着对称的两个花园，这里的花草色彩斑斓，种类繁多，白色、粉色的玫瑰香气袭人，紫色的藤萝花开得正艳，桃红的铃兰在微风中摇曳，金黄的雏菊热闹的绽放……在呼吸着的阵阵香风中，在如此完美的视觉享受中，人们已经忘记身在何处，如同置身一个梦中仙境，微微沉醉……

1620年被法皇亨利四世册封为百绿侯爵的吉尔·胡澜在中世纪一个防御工事的原址上建造了这座以花岗石为主体的城堡。之后城堡在百绿家族手中经过七任侯爵代代相传，直到法国大革命，城堡的命运在政治的大环境下受到波及。百绿侯爵家族弃堡而逃，城堡在1790～1796年间被朱安党人占据(法国18世纪资产阶级革命时期的勤王派)。之后的几百年中，城堡经历过繁荣，修复和废弃的沉浮不定的命运。1973年城堡的一位新主人是著名的出版商克洛德·阿托女士，在她的丈夫——建筑师赫伯特·斯蒂文的帮助下，她设计了一个17世纪风格的法国花园，种植了很多紫杉、侧柏和紫藤

▶ 百绿堡内不光有形态各异的绿色，也有盛放的各种鲜花，香气扑鼻。

▶ 趣味园林最东端的“碧绿剧场”，这里的紫杉树呈半圆形环绕，错落有致的山毛榉树墙呈现出如同剧场四周的包厢隔段。

◀ 从紫色的藤萝架下看平台花园，这些树雕在阳光下仿佛一个个快乐的精灵。

▼ 荻安娜神庙的拱形门，外面就是笔直的椴树林荫道，一直通往“平台花园”。

萝树。经过精心设计的近似正方形花园，呈几何对称风格，工艺讲究的修剪把这些普通的树木变成一座座精美的雕塑，赋予它们艺术的灵魂，树雕正是法国和意大利17世纪花园的风格，朴素的城堡建筑和充满趣味的花园完美的结合在一起，把百绿堡变成一座童话中的乐园，释放着独一无二的迷人魅力。

17世纪的花园并不只是百绿堡全部魅力所在。它只是古堡中被称为“平台花园”的部分，这个花园位于古堡建筑的南面，围墙内的花园的确高于远处的农田，如同一个平台，在这里透过绵延起伏的绿树围墙眺望远处的山坡和村庄，在不同的天气中，远方的风景仿佛一幅神秘莫测的油画，呈现完全不同的风貌。

在平台花园的东部，相当于三倍平台的面积，是由一位未来主义庭院设计师保罗·梅蒙设计的超现实“趣味园林”。整个园林呈长方形，其中两个对角由一条小径贯穿整个林子，游览者只需随着小径就可以看到整片园林中的各个趣味部分。当人们沿着对角线小径逐渐步入树林深出，这里有一个又一个惊喜等待着游人。对角线开始的地方，左边先是一小片蕨类植物的树林，之后就是一片高低相间的修剪树丛，其中还装饰两座现代派头像雕塑；前方不远处是一片圆形的空地，中间一个小

▲ 趣味园林中和池塘深处的两座现代派雕塑，令人印象深刻，保罗·梅蒙的设计令人叹为观止。

水池，在睡莲和水草掩映中，一座前卫人像雕塑让人过目不忘，非常特别。这片树林中还坐落着一个柏树迷宫，面积不大，迷宫内的小道十分狭窄，树墙排列错综复杂，可谓进去容易出来难，它会给所有拜访者一份挑战和惊喜。趣味园林的最东端是一个“碧绿剧场”，这里的紫杉树呈半圆形环绕，舞台用对称排列的山毛榉树呈现出来，在“剧场”的不远处另有一个小的柏树围墙围成的空间，取名为对应的“音乐间”，在修剪整齐的绿树环绕下，倾听山野中的“音乐家”——各种小鸟的鸣唱，真的如同置身大自然的音乐剧场，使人们不得不感叹保罗·梅蒙如此巧妙的创造性！对角线的另外一端，园林的外角，在一堵镶嵌几个拱门的树墙后，点缀着一个小小的白色大理石雕塑，这里被喻为“荻安娜神庙”，在柏树围墙的空隙中，可以看到城堡领地外面大片的田地和远处的村庄。神庙的树墙形状模仿18世纪的著名建筑师尼古拉·勒杜的建筑风格，内部以及园林其他的白色大理石雕塑均出自

▶ 绿荫蔽日的林中小道通往迷宫的入口，还未进入迷宫，人们仿佛能感觉到迷一样的气氛。

▶ 终于回到了宽敞的平台花园，树墙花坛中大簇大簇的白色粉色的小花迎风绽放。

女雕塑艺术家索菲娅之手。这里是对角线小径和椴树林荫道交汇的地方，透过“神庙”的几个不同的拱门，人们可以欣赏趣味园林不同角度的风景。沿着笔直的椴树林荫道，就可以一直回到“平台花园”。

古堡今日的主人是马东夫妇一家，马东先生是一位著名的兽医，经常往返于诺曼底和不列塔尼的乡间的牧场，治疗那些患病的小牛等动物。马东太太也是位医药专家，从事医药科研方面的工作，但是她的职业生涯随着她的一对双胞胎儿子的诞生而结束，之后的三年，她的小儿子也出生了，有三个调皮可爱的小男孩，她只能留在家庭中，全心照顾三个小宝宝。孩子们在童话世界般的古堡中度过童年，是多么幸运！对于古堡生活的热爱是马东夫妇多年来努力工作的动力，他们2005年才买下百绿堡，以前的主人夫妇已经上了年纪，又没有任何子女能够继承古堡，他们才卖给马东夫妇。百绿堡已经不是马东夫妇的第一个古堡居所，他们在搬来这里之前居住在不列塔尼南部的另外一座稍小些的古堡中。

马东太太每天在古堡中管理日常工作。她一家都居住在这里，但古堡还是太大了，他们开放了5间客房。15公里以外的圣米歇尔山也是法国最著名的旅游景点，这一地区到了旅游旺季客人很多，经常有客人来古堡住宿。每日古堡两位园丁从早到晚在园林中

工作，光是剪齐树木，维持原有的设计形状就让他们忙个不停。另外两位女佣，负责古堡清洁，接待和送小孩上下学等事务。马东太太在古堡的办公室中，接待古堡的访客和来住宿的客人，处理各种活动的预订，就算有四个帮手，还是异常忙碌！

百绿堡的花园被喻为布列塔尼省最美丽之园林，大批的媒体都来报导，电视台、法国和欧洲的很多杂志、日本的杂志都有报

▲ 围墙内的平台花园高于远处的农田，在这里透过绵延起伏的绿树围墙眺望远处的山坡和村庄，在不同的天气中，远方的风景仿佛一幅神秘莫测的油画；呈现完全不同的风貌。

◀ 平台花园中那些如同精灵般的树雕能常年保持这些各异的形态，全靠城堡两位园丁及时的修剪。

导。美国的“宅邸与花园”杂志的记者已经在不同的季节来过好几次，每次待上三天，拍摄的图片仍然觉得不理想，这位记者恐怕还要再来三天，不知是“宅邸与花园”杂志对图片要求完美，还是这位记者被百绿堡的魅力所深深吸引，就不得而知了。接待媒体，向媒体介绍城堡的历史，接受采访也是马东太太的一项重要工作。她在的城堡中工作，反而比在医药行业上班还要辛苦，但是纤细优雅的马东太太自得其乐，她喜欢这样的古堡管理和古堡生活，这有如一个毕生的事业，这里是她的世界，她向人们打开大门，展示这大门里的精彩，看到人们惊讶的表情和无数的赞叹，她非常自豪！马东太太已经在过去两个夏天组织了两次花园中的音乐会，非常成功，这些别出心裁的活动给百绿堡的夏日带来无限乐趣。以后的日子，马东太太还会继续她的古堡管理经营。她非常幸运的一点是，马东先生每天晚上下班回到家中，都会亲自下厨给全家烹制美味的晚餐，拥有如此的模范丈夫，马东太太总是悠然点一根细细的香烟，不紧不慢地在晚饭前喝杯香槟，高贵优雅的神态如同一位城堡的女王。而她的王国——百绿堡是他们夫妇和三个可爱的儿子们童话般的乐园！

▲ 百绿堡的佣人克里斯汀在细心清除残败的玫瑰花瓣。

◀ 宽敞舒适的大厅沙发上是古代中国的绘画装饰，让人感到一丝亲切，在这个沙龙中，慢慢喝茶，看着窗外的细雨，也是一种浪漫的体验。

▼ 连日的阴雨，也许是不列塔尼的特点，城堡笼罩在一片雨雾中。

▲ 窗边的小几沐浴在难得的阳光里。

◀ 沙龙角落里的黑色酒柜非常典雅。

▶ 蓝色餐厅一角，非常雅致，城堡客人在这里用早餐。

▼ 马东太太在城堡中的办公室，要知道她可是夜猫子，从午夜到凌晨，整个百绿堡亮着灯的只有这个房间。她管理城堡的各项工作，比她往日在医药领域的工作还要辛苦。

◀ 当阳光斜斜地照射进沙龙，窗外就是平台花园的美景。

▼ 沙龙中白色的壁炉，在百绿堡，任何一个房间都设有壁炉，阴冷潮湿的秋冬季节，城堡内部也十分舒适。

▲ 在卧房临窗而坐，远方的田野尽收眼底。

▶ 红色的卧房一角。

◀ 城堡门厅的一边就是厨房，每天马东先生下班，孩子们放学后，马东夫妇一家人就在这里团聚、聊天。这些镶嵌在墙壁中醒目的大石头自17世纪就一直存在，坚固无比。

▲ 古老的厨房，窗旁的一块石头曾经是中世纪古堡门拴的那一块，深深的沟槽不经意间见证着历史。马东先生每日在这里为家人烹制晚餐。

▶ 门厅中的一排茶具使这里充满生活气息。

◀ 马东夫妇三个调皮可爱的小男孩，两个穿着相同的是一对双胞胎，可是却一个金发，一个黑发。

▼ 孩子们在童话世界般的古堡中度过童年，非常难得。

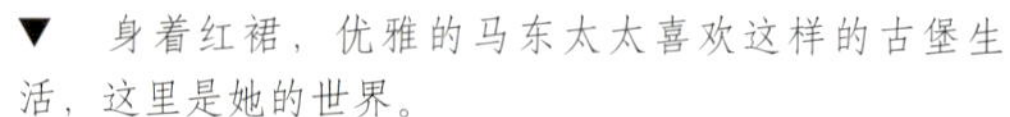

▼ 身着红裙，优雅的马东太太喜欢这样的古堡生活，这里是她的世界。

▶ 她向人们打开大门，展示这大门里的精彩，看到人们惊讶的表情和无数的赞叹，她非常自豪！

生活的艺术

DUCHESNE

生活的艺术在布鸿堡

布鸿-马洛小镇坐落在美丽的枫丹白露森林中，从巴黎乘火车不到一个小时就到了，在乘客寥寥无几的小镇火车站，我一眼看到对面一位年轻的法国女子，穿着舒适随意的灰色毛衣和米色长裤，笑容亲切地向我打招呼，这就是艾斯黛拉·德·高东伯爵夫人，布鸿城堡的女主人。城堡离布鸿-马洛小镇火车站不过区区几百米，年轻的伯爵夫人还是非常热情的来车站接我。在车上，艾斯黛拉向我介绍，其实火车站对面就是城堡领地的围墙，但是距离城堡建筑还有点路要走，她怕我穿着高跟鞋，走那段路会很辛苦，所以特意来接我。听了这一番话，我

◀ 坐落在枫丹白露森林中，布鸿堡的主人通过不断的装修给古老的城堡注入新的活力。

▲ 城堡四面环绕护城河，布鸿意为“源源喷涌的泉水”。水畔的私家小教堂入口。

◀ 布鸿堡坐落在布鸿小镇中，透过城堡杏树的枝丫眺望镇中心的小教堂。

▼ 城堡的果园中果子结满枝丫。

马上就感觉到布鸿堡的浓浓的亲和体贴的气氛。在穿过菜园和城堡外墙的美食餐厅院子之后，我们进入了布鸿堡，布鸿城堡以坚固的砂岩筑成，覆以粗涂灰泥层，朴素庄重；城堡的四面环绕护城河，城堡前端两个对称矮房子的墙面饰以红砖砌成的几何图形，色彩明快。在整体色调上，浅灰色的墙表涂

▲ 城堡入口处装饰着两颗茂盛的桔树，仿佛代表着吉祥。

▶ 17世纪的马蹄形的台阶入口正是枫丹白露这一地区城堡建筑的代表风格。

层、红砖以及淡蓝色的砂岩为城堡深灰的主色调注入了丝丝轻松活泼的气息。

一辆蓝色的中型运输车非常醒目地停在城堡前面，它上面城堡二层的一个房间窗户中接下一个长长的红色管子到运输车的拖斗中，一些碎石不断的从这个管子中运送下来，伴随一阵巨响。德·高东伯爵正在门口，在运输车旁边迎接我，他同样一身随意休闲的装扮，带着和伯爵夫人一样轻快真挚的笑容，在寒暄过后，他向我解释，现在城堡中要扩建两间客房，所以正在装修，还很诙谐地说“古堡岁月”也是装修的岁月啊！这句话千真万确，给古老的城堡输入新鲜血液，最重要就是不断地装修和装饰，才能使城堡维持外表的得体，内部的舒适。正好今天是将这两个房间的废料运走，所以红色的管子今天将成为布鸿堡特殊的装饰。短短的10分钟，布鸿堡给我留下的印象是那么充满欢快活力，生机盎然！

一边走在城堡优雅的大厅和沙龙中，一边听伯爵介绍，布鸿城堡建于16世纪末、17世纪初，原址是一座14世纪的封建军事要塞。在沿袭中世纪时期传统样式的同时，也大胆采用了当时崭露头角的砖石建

▲ 城堡菜园中的圆形的西葫芦长势良好，已经被人采摘下来，很快要成为餐桌上新鲜美味的佳肴。

◀ 诱人的绿油油的西葫芦。

▶ 一排沙拉菜旁边竟然长出一株美丽的紫色小花。

▶ 排列整齐的番茄还没有成熟，需要再耐心等待一段时间。

筑风格。布鸿城堡附近有潺潺不息的圣塞维尔清泉，而布鸿的原意为“源源喷涌的泉水”。

中世纪的时候，布鸿地区的领地主人罗伯特是那个时代有名的诗史作家，创作了一组广为传颂的关于亚瑟王率领圆桌骑士团统一不列颠群岛的史诗，以及一部散文体的圣杯传奇故事，圣杯是中世纪最神秘热门的话题之一。到了1502年，德·萨拉家族成为了布鸿领地的主人。由于家族深受法王查理八世的赏识。家族一位成员娶了法王亨利二世财务部长的女儿为妻，后者为德·萨拉家族带来了丰厚的嫁妆，使得他们有能力购入布鸿领地，并于16世纪末在原本的中世纪堡垒上动工兴建了现今的这座城堡。1725年10月，布鸿城堡被指定为接待被废黜的波兰国王斯坦尼斯拉斯·莱克辛斯基的临时居所。当时，年轻的国王路易十五刚与斯坦尼斯拉斯·莱克辛斯基的女儿订婚，但受王室礼节所限制，国王不能在枫丹白露宫接见女方家属。于是，路易十五便假借打猎之名前来此地与岳父相见。

法国大革命期间，布鸿城堡也遭到了掠夺与部分毁坏。1878年，布鸿城堡为历史悠久的望族孟德斯鸠所购并世代传承至今。这个家族曾诞生过法国国王路易十四的作战指挥官和罗马国王的家庭教师等名人。他们用将近一个世纪的时间对城堡进

◀ 城堡的沙龙客厅，红色的墙壁装饰和朴素简洁的家具摆设，给人温暖优雅的舒适感觉。

▼ 沙龙一角的写字台是简洁典雅的路易十六风格。

▲ 红色墙壁上悬挂着家族历代成员的肖像油画。

▶ 午后的阳光懒洋洋地照射在沙龙中，打开的房门引起人们对于城堡故事的遐思。

◀ 沙龙窗外成荫的绿树，布鸿堡的每扇窗外都是一幅宁静完美的风景画。

▼ 城堡沙龙外的长廊笔直地通往另一端的沙龙。

▲ 精美的餐具柜，上方悬挂一位18世纪优雅的贵夫人的肖像，她是家族的历史成员，不知她在布鸿堡中有着怎样的人生？

▶ 古堡的书房一角，18世纪的古堡主人想必就是在这里点着壁炉，在烛光下夜读。今天这里成为城堡客人的早餐室，在满壁的书香中，面对窗外树林河流的美景，享用一顿美味的法式早餐是无比的享受。

◀ 卧室的设计与装饰均出自布鸿堡女主人艾斯黛拉伯爵夫人之手，温馨优雅的客房体现出她良好的品位和深厚的专业功底，壁炉上方的镜中倒映出窗头装饰，无论面料的选择，铜板画装饰，深红的蜡烛和古董座钟，无一不堪称完美！

▼ 卧房小桌上精美的木盒和台灯相得益彰。

▲ 通往楼上卧房的小楼梯，让人不禁想上去探一探究竟。

▶ 卧房温馨的一角，一把路易十六风格扶手椅静静地靠在窗边，旁边的小篓中可供人们随时拾起一本杂志来读读。古堡的岁月是如此闲适。

▶ 无论是漆成深红色的马鞍形浴缸，还是红色为底调的法国传统的被称为JOUY的如意面料和墙纸图案都秉承了18世纪的优雅风尚。

◀ 卧房中精心摆放着路易十六风格典雅的小柜。

行了大规模的修复并添置了大量家具对室内进行了重新布置，以求城堡能恢复昔日荣光。第二次世界大战结束后，城堡主人费尽心思地将城堡的花园重新恢复成为了现今经典的法式风格。由于孟德斯鸠伯爵夫妇没有儿女，于是他们把其名下的物业交付给了他们的侄女德·拉贝多赫伯爵夫人。2001年圣诞节德·拉贝多赫伯爵夫人将城堡作为圣诞礼物送给她其中的一个女儿，现今城堡的女主人艾斯黛拉·德·高东伯爵夫人继承。中午应邀在艾斯黛拉父母居住的城堡前面的小屋中吃饭，艾斯黛拉的父母住在巴黎北部的另外一座城堡中，每星期他们都有一天开车一个半小时来布鸿堡看望他们的女儿、女婿以及外孙们，这天他们正好在城堡中，家庭午饭的气氛非常热闹，艾斯黛拉的父亲德·拉贝多赫伯爵是一位非常开朗直率幽默的老人，妙语连珠，总是逗得我们哈哈大笑，快乐的气氛在整个家庭中迷漫着，老伯爵和他女婿之间的互相调侃更让人觉得这家人亲密无间，和谐的气氛和幸福的感觉实在羡煞旁人。老伯爵不经意间还把段往事说给我听……

◀ 布鸿堡即将迎接又一场盛宴，18世纪的壁毯在厚厚的玻璃保护下，倒映出晚宴的餐台布置，杯盘餐具摆放琳琅满目，一丝不苟。

▲　在沙龙中，和艾斯黛拉共进下午茶，各种口味的茶包整齐的摆在木盒中，精美的银茶具，茶杯是布鸿堡特意订制的，带有城堡的马蹄形入口和一边一颗小桔树的图案，在布鸿堡处处体现着品位生活的精致优雅。

▲　靠墙而立的小几上，是家庭午餐的甜食，甜美可口的樱桃和杏，法国面包是为了配合吃奶酪。

▲ 年轻的艾斯黛拉伯爵夫人非常享受古堡生活和管理古堡，她和她先生德·高东伯爵在一次城堡组织的活动上一见钟情。

艾斯黛拉还待字闺中的时候，已经在布鸿堡帮助她父母组织各种城堡晚宴，一次城堡举行宴会，需要晚宴的灯光和照明设施，当时在一间晚宴照明公司工作的小伙子德·高东来到了布鸿堡，负责整个晚宴的照明安排，晚宴举办得非常成功，活动结束人群逐渐散去，浪漫的气氛却还在继续，在夜晚的灯光下，有两个人还在跳舞，那就是艾斯黛拉和德·高东，没用多长时间，一见钟情的邂逅就带来了布鸿堡另外一场盛大的宴会，那是一场婚礼，从此艾斯黛拉的名字和德·高东紧紧连在一起。

现在他们夫妇在城堡中生活得非常快乐，充满动力，布鸿堡在他们的手中，是一个生机盎然的居所，充满乐趣的“幸福岛”。学习艺术和装饰出身的艾斯黛拉最大的乐趣就是装修和布置城堡中的房间，现在温馨优雅的客房便出自她之手，新装修的两间客房马上就需要艾斯黛拉投入很多精力来布置了，城堡开放客房只有两三年的时间，但是作为举办活动的场地已经10年了。

城堡外墙有一个非常有特色的餐厅，名为“前沿”，它确实坐落在布鸿城堡建筑的前院，餐厅也是城堡的一部分，这里的主厨马艾先生远近闻名，城堡举办各种宴会，都是马艾先生主理。美食成为布鸿堡的魅力的重要部分。在餐厅旁边，笑容可掬的马艾先生和德·高东伯爵夫妇精心种植了一片菜园。在布鸿堡中或是“前沿”餐厅吃到的绿色沙拉菜、西红柿，还有西葫芦，都是布鸿堡菜园土生土长的，非常新鲜。

德·高东伯爵对我说，他们夫妇住在这座美丽的城堡中，继承古堡之后，他们离开巴黎的工作和生活，居住在布鸿管理城堡，辛勤的工作用以贡献城堡，如果没有很多代人的奉献，城堡也不会是今天的样子；他们还希望和更多的人一起分享布鸿堡的美丽，希望来到布鸿的每一位客人都能对城堡留下美好的印象，那时就是他们夫妇非常满足的时刻。在回巴黎的路上，布鸿堡如此生动鲜明的印象不断在我脑海中浮现，我到访过的很多城堡中，布鸿堡洋溢着的和谐快乐、生机勃勃是那么独一无二，正是这里充满着的无限的生活情趣和生活艺术，使一座古老的城堡焕发着青春的活力！

▶ 婚后伯爵夫妇离开了巴黎，居住在布鸿堡，城堡在他们夫妇的管理下生机盎然。

▶ 城堡附设美食餐厅，头顶高帽、笑容可掬的大厨马艾先生手艺精湛，在这个地区非常有名，也有不少客人在周末驱车从巴黎到布鸿来享受美食。

▲ 布鸿堡是一座集诸多生活艺术为一体的古老城堡，德·高东伯爵夫妇令它焕发着青春的魅力，仿佛伯爵夫妇的“幸福岛”。

◀ 树林旁边的石桌和石凳，访客可以在这里小憩片刻，倾听林中鸟鸣。

▶ 布鸿堡倒映在河水中，岸上的小花在风中摇曳，布鸿堡的一切是如此诗情画意。

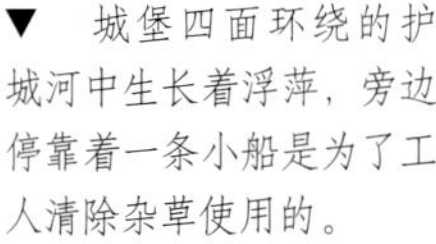

▼ 城堡四面环绕的护城河中生长着浮萍，旁边停靠着一条小船是为了工人清除杂草使用的。

维勒赛克西堡的围城

在法国靠近瑞士，风光旖旎的芳什贡得省，有一个历史悠久的小村庄维勒赛克西，这里巍然屹立着鲁德诺男爵的维勒赛克西城堡。与男爵一家人深厚的友谊使维勒赛克西成为我拜访次数最多的城堡，每次在周末离开巴黎到城堡中做客，仿佛在自己家中般自由，换上舒适便于走路的鞋子，在城堡的领地中散散步，信步到果园中，看看苹果梨子的长势，红红的苹果将枝条压弯了，随手摘一个简单擦擦就可以入口了，边啃着又甜又脆的苹果，边溜哒一圈，或者到城堡外面的小村中转转，这样的生活只有乡间才有。维勒赛克西城堡外就是村子中心的小广场，这里有银行、邮局、药房、杂志报刊店 、面包店、肉店、 卖

◀ 风光旖旎的法瑞边境省，有一个历史悠久的小村庄维勒赛克西，这里巍然屹立着鲁德诺男爵的维勒赛克西城堡。

烟抽奖券的TABAC小咖啡馆、两家极好的本地餐厅，应有尽有，比起那些在荒郊野外的孤立的城堡，真是方便多了！傍晚的时候回到城堡，和男爵一家开瓶上好的香槟，在高大宽敞的书房中，男士们抽着雪茄，女士们享用下午茶，闲适的时光总是在不经意间匆匆而过。芳什贡得的风景非常优美，由于接近瑞士，更是青山绿水，牛羊成群，是法国的“小瑞士”。如果从这里开车到瑞士的巴塞尔或者日内瓦，当天就可以开个来回了。

结识鲁德诺男爵源于一个偶然。几年前一个阳光明媚的秋日，我从巴黎开车去瑞士伯尔尼看一个艺术展，暮色来临的时候，我已经在法国通往瑞士边境的芳什贡得省。那是一个非常温暖的十月天，天黑得也不算太早，但是有点迷路，好不容易找到城堡，已经是晚上十点多了。城堡是私人领地，但也有几间对外开放的客房，我出发前已经订好，准备好晚上住宿在那里。车开进小村子，不费吹灰之力就在村中心的广场一侧看到城堡的标志和大铁门，前面就是这座有如童话仙境般的古城堡，在夜晚的暮色里，仍然可以看出它雄伟大气的身影。这时城堡的大木门‘吱呀’一声打开，一位五六十岁的老先生走了出来，他向我打了招呼，又有些嗔怪地问我为何到得这么晚。我赶紧抱歉地解释实在是因为在省级公路上迷路了，走错了方向，耽误了时间。这时一股暮色的凉气袭来，我注意到男主人在毛衣的外面套了一件羽绒背心，在寒冷的乡间，尤其是夜晚，等待迟到的客人，可不是一件令人愉快的事情！这就是初次见到鲁德诺男爵。

进入了城堡，迎面就是两具铁甲武士，这在并不算明亮的走廊里，显得有点恐怖。我随着主人走在长长的走廊里，突然感觉到了仿佛电影“蝴蝶梦”的女主人公第一次进入那幢别墅的情景，有点忐忑不安！我们越走越远，快到走廊尽头的楼梯了，光线很暗，古

▲ 从城堡的领地眺望村子中心的小教堂。

◀ 城堡前面的石雕，为了纪念家族在历史上的战争中牺牲的成员。

▶ 城堡背面一端的圆形塔楼，正是圆形卧房的所在地。

▼ 城堡侧面的一个小门。

◀ 今日的城堡建于19世纪的第三次重建，鲁德诺家族请巴黎歌剧院的建筑师查理·加内和埃菲尔铁塔的设计者居斯塔夫·埃菲尔来设计古堡，建筑十分宏伟大气。门廊的大理石雕塑气派非凡，狮子头像下面是鲁德诺家族的盾牌徽章。

▼ 城堡入口处迎面就是这样的铁甲骑士。

▶ 城堡巍峨的大门，装饰狮子头像的门环。狮子正是芳什贡得省的标志。

▶ 大厅内精美的壁板雕刻和壁炉两旁的人像木雕，无处不显示这座城堡的尊贵和与众不同。

堡里面很安静，可以听见脚步声。我觉得心砰砰直跳，男主人留意到了，就笑着说，“你走在我前面好了！”我正在为自己的胆怯感到不好意思，我们已经通过宽敞的大理石楼梯来到了二层，面前是一个更为精致讲究的长走廊，两旁的墙壁上挂满油画和铜版画，都是18、19世纪之作，间或摆放着优雅的路易十五、十六风格的扶手椅。很快房间到了，这是古堡里的一个大套房，有附设的儿童房，主卧室是一个圆形的高大房间，透过宽大的落地窗，可以看到外面黑黝黝的夜色。一张典型的法式大床摆放在房间的中央，床头的顶部装饰一个华盖般的宝顶，给人非常华贵和安全的感觉。这样的装饰是典

◀ 城堡大沙龙，17世纪著名壁毯大师高布兰的壁毯悬挂在19世纪的精雕细刻的橡木壁板上。

▶ 敞开的大门可以看见小沙龙巨大的水晶吊灯和陈设古雅的路易十五风格家具。

◀ 小沙龙的一角摆放一架可以根据乐谱自动弹奏的钢琴，能够传出美妙的音乐。洛可可风格的墙壁上悬挂的是家族先辈的肖像。

▶ 城堡的餐厅，巨大的长桌可供二十几人同时用餐。

▼ 餐厅窗前排列的各种餐具。

型的欧洲古典贵族样式。房间里的窗帘和床饰都是同样材质的明黄色的面料，令疲惫的我顿时眼前一亮！

白天的舟车劳顿令我十分疲倦，很想尽快入睡，躺在床上，却总是听到壁炉里传来“呜呜”的声音，好似风声（后来在我的建议下，男爵用装满干树叶的口袋将每个房间的壁炉堵上，避免客人听到声音，感到害怕），加上自己太不争气，满脑子想的都是什么古堡幽灵和那门口的铁甲武士之类的荒诞故事，在这样一个宏伟的大古堡里

◀ 城堡书房的一角，这里的藏书全部是18世纪的历史书籍、小说和那个年代的月刊。

▶ 鲁德诺男爵站在小梯子上将一本藏书摆放回原处，这里是他平日办公和阅读的地方。

▼ 书房角落里的几本书。

入睡，真是需要些胆量！庆幸！一夜无梦，早上明媚的阳光照进房间的时候，我拉开窗帘，哗的一下，一幅宁静的乡间晨曲展现在我的眼前，在微微的雾霭里，我眺望远处的森林，窗前大片的绿地，阳光刺破晨雾，很快给这一切镶上一道金边！在疲惫和恐惧中入睡虽然不太容易，可是在古堡中醒来却如此充满诗意！站在完全敞开的立窗前，我贪婪地呼吸着旷野清冽香甜的空气，这可是巴黎城里没有的！

门口有敲门声，是主人送早饭来了，打开房门，男主人笑容可掬地问候我，比昨夜看起来和蔼可亲得多！他笑着打趣我："怎

▲ 走廊中随处可见的古董钢琴和肖像画。

◀ 城堡中的家庭沙龙，只有家族的朋友才能进入，壁炉上一排来自古代中国的瓷器都是家族的祖上在中国居住的时候带回来的。壁炉上的肖像画是家族一位著名的葛侯蒙骑士。在黄绿相间的壁炉瓷砖的正中，也有骑士的图案。

▶ 鲁德诺男爵夫妇的卧房，在红色华盖下的路易十五风格大床优雅华贵。

◀ 城堡底层的长廊。高大的空间，让人们在历史中穿行。男爵坚持用红色的地毯，为的是给予每位到城堡来的客人最尊贵的接待。

▼ 楼梯部分的窗户高大并镶嵌各种骑士图案。

▲ 二层的长廊更仿佛望不到尽头。

▶ 精致的金边红色扶手椅风格独特。

◀ 信步到城堡的果园，藤萝长满了果园小屋的墙壁。

▼ 苹果快熟了，摘下来即可入口。

么样，昨晚没有幽灵吧！”我觉得仿佛被他窥到昨夜的胆怯，于是满不在乎地回答：“还好，不太多！”大家一起会心地笑了起来！直到后来每次回到维勒赛克西，男爵总在第二天早饭的时候打趣我，问我有没有鬼。还真是非常失望，我从来没有这种奇遇。主人送来的考究的银托盘上面是热腾腾冒着香气的咖啡，还有松脆的牛角面包和橙汁，以及一种细长的小型法国棍面包，这种特殊的面包总是勾起我关于维勒赛克西特有的回忆。早饭过后，我准备正式参观一下这座古堡。我随着男爵信步走在飘着淡淡的雪茄气息的长廊中，昨夜因为光线昏暗而无法看清的巨大古堡在温暖的阳光中揭开了神秘的面纱，一边听男爵将古堡和他家族的历史娓娓道来。

古堡所在的领地历史可以追溯到1000年前，那时芳什贡得省还不是法国的领土，维勒赛克西地区的人们在森林中建造了第一个古堡，用来抵御外族人的入侵，保卫自己的家园。岁月无情，这个1000年前的要塞已经仅存遗迹，成为今天古堡入口处的前身。17世纪，德国王室阿伦伯格公爵夫人在这里建造了第二个城堡，非常具有本地区的特色，仅大大小小的窗户就有365个。1660年，鲁德诺男爵的祖上——法国古老的葛候蒙骑士家族成为了这里的主人，在法王路易十五的御用建筑师阿尔伯特的帮助下，在这里改建了这第二个古堡，并以此为中心扩展出几公顷的私人领地，葛候蒙骑士家族成为这片世袭土地上的主人，统治了一个世纪。1870年，在当地的一场战争中，古堡不幸被毁坏了。维勒赛克西城堡在战火中毁坏后，鲁德诺家族决心重建自己的家园。第三次修建古堡，鲁德诺家族决定建一所漂亮的路易十三样式的城堡，为此，他们请巴黎歌剧院的建筑师查理·加内和埃菲尔铁塔的设计者居斯塔夫·埃菲尔来设计古堡。男爵现在所住的城堡，就出自他们之手。这座古堡见证了历史，在“二战”中，古堡曾一度被德军盘踞，幸运的是，这次它躲过了战火，没有丝毫损失和物品的遗失。古堡历史上的常客是法国文坛巨匠雨果和后来投身于美国独立战争并成为华盛顿亲信的拉法耶伯爵。

我们来到了古堡最华丽的沙龙中，客厅中充斥着典型的贵族奢华气派，洛可可风格的繁复装饰蔓延到房间的每个角落，在高大的空间中，你的目光可以停留在任何一个地方肆意欣赏。著名设计师高布兰的壁毯悬挂在19世纪的精雕细刻的橡木壁板上。客厅中是优雅的路易十五样式的沙发和精巧的扶手椅，角落摆放着一架18世纪的古钢琴，仿佛再现昔日女主人的风雅。墙壁装饰的一组油画主要表现的是家族历代的各种场景，出自维尔内、列宾等名家之手。古堡内部的华丽和外部的威严震撼着每一个城堡的客人。维勒赛克西城堡占地1公顷的路

▲ 果园中红艳艳的李子让人垂涎。

▲ 矮墙撑着梨树的枝条，梨沉甸甸地压弯了枝条。

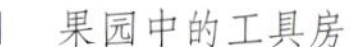

◀ 果园中的工具房。

易十三样式建筑中，有77个壁炉，360多个窗户，4000平方米的木地板，15个供客人使用的睡房，鲁德诺男爵向外开放了城堡的一部分房间，而以每年这部分收入来维持祖先们留给自己的这份荣耀。

除了世袭的贵族头衔外，男爵还是哲学和心理学教授，而男爵夫人则是位建筑设计师，男爵夫妇和他们的三个孩子常年住在古堡中。 男爵既把自己视作传统的守护者，然而又非常愤世嫉俗，每次和男爵聊天，他总是有很多让人惊讶的理论，关于国家，关于城堡；同时男爵也是一位非常善良实在的人！这里每年夏天都组织婚礼，还有瑞士的劳斯莱斯俱乐部成员也定期在这里举办活动，在法瑞边境的公路上，在风景如画般连绵的绿色田野中，十几辆各种年代的劳斯莱斯汽车组成的车队绝对是一道让人惊叹不已的风景线。男爵在他古典混合现代风格的书房中，每日坚守电脑上的往来邮件，他总是非常积极地组织各种活动，让古堡充满生机，从来不知疲倦！男爵有一个还没有机会实现的梦想，那就是将古堡租出去一段时间，他好和家人周游世界，也一定要到中国看看，因为他祖上在19世纪清朝时曾经在中国居住，还带回一大批中国的家具和装饰品，今天在城堡中仍然随处可见。二十多年来，由于要管理古堡，男爵不能离开芳什贡得省，他很想看看外面的世界有多么精彩。也许这正是围城的道理，城堡外的人想进来，城堡里面的人想出去，希望男爵能尽快实现他的梦想，也许在环游世界一段时间后，他会想念他的城堡，这里才是他祖祖辈辈的家！

▼ 刚才还是阳光明媚，一下子又乌云密布的泳池。

▼ 城堡入口处的一棵大树异常挺拔。

◀ 城堡的门房和车库，爬山虎把这栋房子变得如同童话世界。门房外面对的就是村子中心的广场和小教堂。

▼ 门洞上方的一男一女石雕意义不同寻常，这是整个维勒赛克西小村子历史上最古老的印记，13世纪就存在了。相传古代的时候，村中的领头人娶了一位门第卑微的女子，当时的社会给予他们巨大的偏见和压力，他们夫妇只好离开了维勒赛克西，背井离乡地生活。这对石雕为的就是纪念这对夫妇。

沃德吕尼堡：勃艮第的美食天堂

勃艮第省中部小城阿瓦隆附近坐落着沃德吕尼堡，汽车在勃艮第省风景如画的丘陵地带飞驰，两旁金晃晃的是大片大片刚收割过的麦田和向日葵田。公路旁边出现了一段古老的中世纪城堡的城墙，在碧绿的护城河水的环绕下，城堡的领地带着几分幽静和神秘。连接城堡大门和公路的是一座坚固石桥，石桥的入口处两旁长着几棵高大参天的古老梧桐，这些梧桐低垂的枝丫仿佛天然的画框将通向远方的公路和绵延的丘陵镶嵌起来，还未进入城堡大门，这里的景致已经让人流连忘返。进入了城堡，满目的绿色和

▲ 经过城堡大门的省级公路通向远方，消失在勃艮第的丘陵中。

◀ 古老的梧桐树掩映着沃德吕尼堡古朴的建筑，台阶左侧顶部带有小圆窗的门是美食餐厅的入口。

◀ 大草坪上庸懒散落摆放的木制躺椅，和其它树木雕塑一起构成了沃德吕尼堡庭院完美的风景。

青草的芬芳扑面而来，一些木制躺椅庸懒随意的摆放在草坪中，依偎在又一棵树干粗大绿荫茂盛的梧桐周围。大树后面就是沃德吕尼这座古雅的城堡建筑：浅米色的外墙，赭石色的屋顶，配着白色的遮阳窗板，非常古朴，属于16世纪风格。城堡主体建筑的左侧，伸展出一段古老的城墙，城墙的另一端是一座更加古老的大约20米高的方形塔，顶端是砖红色的金字塔形状，为数不多的几个窗户如同几个小洞，应该是这里仅存的中世纪的遗迹了。虽然塔楼的灰色砖石已显破旧，但塔身仍然非常坚固，已经抵挡了从中世纪以来近千年的风雨洗礼。怀着对这座中世纪古塔的好奇，我沿着有些倾斜的石阶登了上去，塔楼的第一层和第二层有两个相等的高大的房间，古老的壁炉看来废弃已久，光秃秃的窗框外面就是那座古老的城墙和一条小护城河，从塔楼的最高一层俯瞰，整个城堡的全景映入眼帘。

城堡最初修建于12世纪，乔瑟林爵士效力于勃艮第公爵麾下，并被勃艮第公爵任命为这片领地的庄园主。由于乔瑟林爵士没有男性继承人，他的姓氏很快淹没在历史中，随着他独生女儿的出嫁，沃德吕尼城堡被外姓所取代。法王路易十一决定

▶ 城堡大门的城墙上中世纪骑士盾牌的标志。

▶ 汇入护城河的小瀑布激起白色的浪花。从遥远的中世纪到今日，沃德吕尼城堡的历史仿若潺潺流淌的河水，永不息止。

◀ 面向勃艮第乡间美景的平台装饰着缤纷的花坛。

▼ 主人的两只黑狗乖乖地卧在餐厅的入口处。

▶ 城堡中仅存的中世纪塔楼，矗立在护城河水畔，经历了千年的风雨洗礼，依旧坚固。

▲ 大厅中的一只古旧皮箱。

◀ 城堡走廊的一角。

▶ 凭窗而坐，窗外大片绿草如茵。

▼ 大沙龙中古老壁炉。

▲ 城堡主人伊丽莎白和丈夫巴斯卡尔热情接待每位客人，分享他们的古堡岁月。

◀ 门厅中的一张小桌，墙上悬挂的都是各国媒体对沃德吕尼的报导文章。在伊丽莎白的经营管理下，沃德吕尼堡已成为远近闻名的勃艮第地区家庭城堡酒店。

▶ 城堡的一间卧房，优雅舒适，出自伊丽莎白和她母亲的设计装饰。

▼ 一间卧房的浴室拥有面对草坪的美丽风景。

◀ 城堡的美食餐厅，在巨大的壁炉旁，所有的客人共同围坐在这张长桌上进餐。

◀ 城堡的酒窖藏有很多勃艮第美酒，如果提前预约，也会有专业品酒师教客人品酒。

◀ 美食餐厅的大厨马利尼女士。

打击勃艮第公爵的势力，铲除公爵的党羽，沃德吕尼也不能幸免，几乎被拆除毁灭。在宗教战争中，新教徒占据了城堡，并加宽了护城河，成为他们的防御据点。之后乔窟爵士和他的后人占据城堡长达4个世纪。城堡在18世纪和19世纪几经转手，1967年被现任主人巴黎的鱼商奥丹家族购买。今日城堡由奥丹家族女继承人伊丽莎白和她的丈夫共同经营，40年前奥丹家族买下的城堡是空荡荡无法居住的，之后漫长的40年中，奥丹家族日积月累一个房间一个房间地修缮，今日的城堡70%都是这40年努力的结果。

1986年奥丹家族将城堡开放为城堡酒店。年轻的伊丽莎白放弃了巴黎的生活，搬来勃艮第的乡间，开始了她居住和管理城堡的岁月，一晃20年过去了，沃德吕尼堡在她的管理下成为具有私家特色远近闻名的城堡酒店。城堡开放了15间客房，有些风格优雅奢华，有些舒适温馨，各不相同，这些客房都是由伊丽莎白和她母亲一起设计布置的。城堡每年从3月底到11月初开放春夏秋三季，冬季四五个月的时间城堡关闭，这段淡季正好让伊丽莎白和她的家人在忙碌之后休息几个月。不同于大部分法国人在夏天7、8月份度假，伊丽莎白和她的家人总是安排在冬季度假，城堡旺季客人络绎不绝，无法分身。面容俊秀的伊丽莎白多年来忙于城堡的事务，结婚生子这些

▲ 厨房一角盛法式面包的小框排列有序，窗外的平台，夏日客人们也可以在阳光明媚的平台上、如茵的草坪旁进餐。

终身大事都是最近五六年才解决的，她的丈夫巴斯卡尔风趣开朗，最近这段日子一直忙于在城堡一个16世纪的附属建筑中修建新的室内泳池。当我问他如何看待古堡岁月，他幽默地回答，“因为我爱我的妻子，而她住在城堡里，那我别无选择，也只能生活在城堡中”。伊丽莎白的父亲奥丹先生当年购买城堡出自他对城堡的热爱，虽然不是贵族出身，但是拥有成功的生意，同样可以成为古堡主人，城堡完全改变了他们一家人的人生，居住在勃艮第的乡间虽然有别于巴黎的生活，但是伊丽莎白已经深深的爱上这里的宁静，很少回到喧嚣的巴黎了。

美食天堂

沃德吕尼城堡之所以非常著名还因为这里的美食。位于城堡底层的餐厅，中间摆放一张长条餐桌，所有的客人都可以在温暖古朴的壁炉前进餐，由于餐桌位置有限，客人需要提前预订。如果天气好的话，客人也可以在阳光明媚、鸟语花香的庭院中享受一份乡间晚餐的闲适。勃艮第地区被喻为法国的美食天堂，法国人称它为“美食汇萃之地”。勃艮第地区最具特色美食有红酒烧牛肉及红酒烩鸡。此外，还有夏洛莉牛肉、伯黑斯鸡、法国蜗牛、

◀▶ 晚宴上的各种勃艮第美食。

◀ 楼梯上的马鞍，在城堡的领地中骑马是一件非常美妙的享受。

▼ 餐厅旁附设两张单独的餐桌，为那些喜欢私谧感觉的客人提供了单独进餐的可能。

▶ 城堡前面的平台也是用餐，或者喝杯饮料、晒晒太阳的浪漫所在。

◄ 果园一角大丛茂盛的薄荷叶和墙上架着的葡萄。

▲ 在花草掩映中的看守人小屋。

► 果园入口处的风景，笔直的小径通到果园的尽头。

◀ 鲜花盛开的果园，依墙而栽的是梨树和苹果。果园一角大丛茂盛的薄荷叶和墙上架着的葡萄。

芥酱、姜饼等等各式美食。勃艮第地区不仅是法国蜗牛的“开山鼻祖”，也是西洋芹火腿冻的发源地。在勃艮第地区，牛肉在餐牌上占有重要席位，因为此地也是夏洛莉牛的原产地，夏洛莉牛全身纯白，是法国的顶级品。这里出品的奶酪也各式各样，牛奶酪羊奶酪风味各异。著名的姜饼可是十字军东征年代留存自今的老牌甜品呢！勃艮第历史悠久，其得名来自勃艮第公爵，这里原属于勃艮第大公国。除了被

◀ 清晨园丁让开始了一天的工作。

冠以美食天堂的称号，勃艮第的葡萄酒被称为“法国葡萄酒之王”。力道浑厚坚韧，与波尔多葡萄酒的柔顺相对立；与波尔多产区的调配葡萄酒不同，勃艮地产区的葡萄酒以单一品种葡萄酒为主。勃艮第产区的酒物美价廉，沙布里因位处北部，气候寒冷，其出产的白葡萄酒很有名。每年11月上市宝茹莱新酒是“越新越好喝”，世界闻名。

享用勃艮第的美食美酒是人生的一大乐趣，应伊丽莎白夫妇的盛情邀请，我在餐厅中品尝了丰盛的晚餐，城堡大厨是马利尼女

▶ 矮墙旁栽种的覆盆子果树。

▶ 果园中让的小推车。

◀ 蜜蜂在这株不知名的植物紫色的花芯中采蜜。

◀ 细香葱居然也能长出如此美丽的紫色小花。

士，她精湛的手艺将一道一道的美食变上餐桌。男主人巴斯卡尔对我说城堡的林子里有珍贵的特里芙黑菌，据我所知，这种黑菌非常难得，珍贵程度可与黄金等价，法国人常说一克黑菌一克金，黑菌大多生长在橡树下无肥草的阴湿地带，确切地说是距离树根向下10英寸左右，靠吸取树根提供的营养成长，外形黑乎乎的像狗的鼻尖。人们常说寻找这种黑菌要借助猪或者狗的鼻子，在树下闻，发现后猪就会将黑菌从土中拱出来。我打趣巴斯卡尔是不是带着一只猪去林子里找到的，巴斯卡尔笑着说无需猪帮忙也不难找到，还强烈建议我品尝这道特里芙黑菌鸡蛋糊作为头道。几片薄薄的带有白色纹路的特里芙黑菌盖在搀了碎菌末的鸡蛋糊上，我小心地尝了一口，细细品味着黑菌清香独特的芬芳，它的口感柔韧，嚼起来有点脆脆的，散发出一股泥土和湿木的气味，果然名不虚传，是菌类中的极品！一个多世纪前，法国一年可产1300多吨黑菌，现在的平均年产只有20吨，最好的年份也不过46吨。这让我更倍感珍贵！

接下来的头道还有烘烤的土司面包配鹅肝，细腻的鹅肝入口即化，难怪人们圣诞节晚宴总是少不了它。最后一个头道是蔬菜沙拉配熏火腿包裹的奶酪，这道

▶ 小径旁繁花似锦，城堡中五颜六色的插花采自这里。

◀ 排列成行的冬葱和鲜艳天竺葵，仿佛列队整齐的士兵。

沙拉在菜单上有一个特殊的名字“菜园沙拉”，顾名思义，所有的蔬菜都是来自城堡的果菜园中，绝对新鲜。主菜当然是红酒烧牛肉及红酒烩鸡，虽然它们在盘中深色的一团，看似平常无奇，然而口感松软，红酒的味道渗入本地美味嫩滑的牛肉中，经过一晚的淹泡，几个小时小火的煨炖，味道烂熟，非常可口。除了这两样红酒烧制的肉，煎牛排和鸭肉也是勃艮第的特色，它们分别配以青豆和果园出产的土豆佐餐，不可不试。餐后的甜点有苹果派，热腾腾的，从烤箱中刚出炉，大厨马利尼在上面洒上少许糖粉，之后的奶酪拼盘是我最最期待的部分，各种精选的牛羊奶酪被各切一块整齐的摆在小盘中，盘中的小碟里是各样干果，核桃，杏脯和葡萄干，配着我所剩不多的最后一杯红酒，奶酪在口腔里的美妙感觉仿佛一个梦幻，真让我永远不想结束这顿难忘的晚餐！

让的果园

勃艮第的夜幕降临了，一轮弯月挂在城堡上空，塔楼沧桑的身影在幕色中仿佛

▲ 绿色豆荚中的豌豆。

▶ 大叶子甜菜。

◀ 果园一端让人匪夷所思的小树，原来是主人为了聚集特里芙黑菌特地栽种的，只有橡树的根部才能寄生黑菌。

▼ 如同勃艮第红酒般颜色的向日葵。

向人们诉说着中世纪的往事，一股凉意袭来，我赶紧回到城堡中温馨舒适的房间里享受壁炉的温暖，并且打定主意第二天一早去看看城堡出产颇丰的果菜园，或许那里藏着不少勃艮第美食的秘密。清晨，沿着城堡背面伸向果园的小径，走在结满露水的草地上。小小的看守人房旁边就是画着果园标志的铁栅栏。铁栏没有上锁虚掩着，我拉开铁栏进入果园。豁然开朗的美景让我十分惊讶，城堡中竟有如此美丽的果园。开阔的土地大约1公顷，在清晨的阳

▶ 白色的花丛后面就是成架的西红柿，长势不错。

光中，所有的花草、树木、果实、蔬菜如同士兵般列队整齐迎接着朝阳，而朝阳将各种植物丰富的色彩变得更加浓重，比起凡高那幅风景画“开花的果园”有过之而无不及。生长在果园入口边围墙架子上的梨树已经果实累累，而入口另一边通往远处的长满着覆盆子浆果树。

一位淳朴和善的园丁从看守人房中走出来和我打招呼，因为我一清早的拜访略显惊讶，我向他解释昨晚吃到园中沙拉新鲜可口，很想参观一下果园中有哪些蔬菜和植物，请他帮我介绍介绍。淳朴的园丁让随即一边指着各种植物，一边陪我在果园中走了起来。让在城堡的果园中工作两年了，但是在勃艮第省当园丁已经几十年，对于各种蔬菜、水果、香料可是当之无愧的行家。他介绍说这个果园中蔬菜，水果，各种香料有几十上百种，要想认全并不容易。不过城堡的美食餐厅一年开放的三个季节所需，几乎全部来自于这个果园，这种自给自足的田园生活是沃德吕尼堡的一大魅力，新鲜的蔬果无疑也是美食的保证。

随着让走在果园中，整个果园被分成四大块地形从低到高，第一块菜地中整齐的长着一架架的西红柿和苹果、桃李等果树；第二块地种着成行的冬葱、沙拉菜、芝麻菜、胡萝卜、菜花、豌豆、西葫芦、土豆、南瓜、黄瓜等蔬菜；第三块地左边

◀▶ 葡萄还未成熟，红红的覆盆子浆果，成串的酸果，压弯枝条的梨子。

几行植物间隔较远略显空荡，这些植物上长出一些极小的草莓。让说这些如同微型草莓的果子并不是草莓，味道完全不同，我摘下一尝，这种莓子果真有种特殊的香味，是作甜点蛋糕用的；不远处几排高大的向日葵开出深酒红色的花朵。果园里面最后一块地十分特殊，隔三差五地栽种着一些小树，深红色大丽菊把它们与果园其它部分隔开。这里为什么种这些小树，真是让人匪夷所思，难道是主人要开辟一片树林吗？让看出我的迷惑不解，他告诉了我一个出人意料的答案，原来这些小树是为了将来聚集特里芙黑菌的橡树，只有橡树根部才会寄生这种珍贵稀少的黑菌，现在这些树木还小，等个十年，这些树长大之后，黑菌就会聚集寄生在这里了，我不由得想起昨日男主人巴斯卡尔对我说的在城堡的林中不需要猪也能找到特里芙黑菌的事情，恍然大悟。

在四块菜地的边缘小径旁，栽种着不同的香料，也许是为了方便厨房人员随时来采摘，毕竟烹制勃艮第任何一道美食都离不开各种香料。除了认出薄荷和细香葱以外，其他的香料都让我摸不着头脑，让一边讲解一边随手摘下几片叶来让我辨认味道，早已眼花缭乱的我才

勉强能分辨出百里香、迷迭香、柠檬味的百里香、月桂、耳草、鼠尾草、百叶草、山萝卜等等这么多的香料，这些香料分别用来烹制鱼肉、鸡鸭和牛肉，每一种都有讲究不能搭配错。沃德吕尼堡果园真不愧为一个蔬菜植物的大百科全书。沿着直通果园大门的小径走回来，

◀ 小蜗牛在中古世纪的石墙上爬行。

▼ 一群鹅在悠闲地漫步，走着整齐的队形。

▶ 几只色彩斑斓的公鸡，肩负清晨打鸣的重任。

◀ 清晨的露水凝结在红色大丽菊花苞上，远处是果园的围墙。

▶ 城堡的树林离不开园丁的辛勤照料。

▼ 淳朴的让和他的果园。

一路右边繁花似锦，城堡的插花肯定来自这里，其中几种花据说还可以成为美食盘中的装饰，可以食用。花丛对面的围墙边长着红色的覆盆子浆果，不用说餐厅的水果甜食也是这里出产。

结束了这次生动的果园之旅，让将我送到门口，我们就此道别，随后让推着小推车开始了新的工作。城堡其他几位园丁和工人也各司其职，分别负责树木草坪的修剪以及城堡入口不远处圈中的鸡鸭，这

些色泽鲜艳，悠闲信步的鸡鸭是城堡的宠物，城堡的生活自然也有它们一份，它们在城堡的领地中可以自由地溜鞑、鸣唱。沃德吕尼堡在清晨的鸡鸣中又继续着新一天的田园牧歌。

◀ 打开绿树掩映中的栅栏，走进园丁让的果园。

▲ 昔日的铁犁今日已经不再使用，随意摆在林间，构成一幅田园美景。

图书在版编目(CIP)数据

古堡岁月／熙沙著.—北京：中国建筑工业出版社，2007
ISBN 978-7-112-09637-4

Ⅰ.古...　Ⅱ.熙...　Ⅲ.城堡－简介－法国　Ⅳ.K956.56

中国版本图书馆CIP数据核字（2007）第159607号

责任编辑：费海玲
责任校对：王雪竹　刘　钰

古堡岁月

La Vie De Château

熙沙　著

*

中国建筑工业出版社 出版、发行（北京西郊百万庄）
各地新华书店、建筑书店经销
北京美光设计制版有限公司 制版
北京盛通印刷股份有限公司 印刷

*

开本：889×1194毫米　1/20　印张：15　字数：400千字
2008年1月第一版　2012年8月第二次印刷
定价：198.00元（含DVD）
ISBN 978-7-112-09637-4
（16301）

版权提供鸣谢

部分图片版权提供

毕赛克堡

古昂斯堡

渥子爵堡

伊斯玛丽堡

全部图片版权提供

拉菲堡

封二、封三图案版权提供

法国JOUY面料博物馆

MUSEE DE LA TOILE DE JOUY
JOUY